「自分だけの魅力」の磨き方

JN025690

私は今日も私を信じる

JUNGSAEMMOOL

ジョン・センムル 著
藤田麗子 訳

大和書房

はじめに
人生の変化は、自分を信じた瞬間に始まる

*10*代の少女の頃の私、
あの子が突然、ここに、今、私の前に現れたとしたら、
親しい友に会ったときのように嬉しく迎えることができるだろうか？
私にとってはきっと奇妙で、遠い存在に違いないけれど。

ヴィスワヴァ・シンボルスカの詩「10代の少女」の冒頭を偶然読んだとき、ハッと胸をつかれたような気分になった。今、目の前に10代の頃の私が突然現れたら、はたしてどんな感じがするだろうか。

痩せ細ったその10代の少女は、画家になりたかった。
母の本棚からレンブラントやレオナルド・ダ・ヴィンチの画集を抜き出して、いつかこんな絵を描けるようになろうと夢を育んでいた。
しかし、家計が傾いて高校の入学金すら払えない境遇になると、すぐに少女は美大の入試を

諦めてアルバイトを始める。入学金を払えなかったことにこれ以上引け目を感じたくなくて、弟妹の運動靴を気兼ねなく買いたくて、授業が終わるやいなや延世《ヨンセ》大学の工学部に駆けつけて教授のおつかいをこなし、車を運転して、机を並べた。

夜になると、少女は仲睦まじい家族や素敵な女性の写真を新聞から切り取って、きちんとスクラップした。そのイメージがまるで未来からやってきたカタログであるかのように、10年後、20年後の自分はこんな姿になるだろうと固く信じながら。

今その少女が、いつも孤独だったけれど気丈で忍耐強かったその少女が、目の前に現れたとしたら私は尋ねてみたい。誰に命じられたわけでもなく、誰に教わったわけでもないのに、あなたはどうしてそんなことができたのか、と。持っているものは何ひとつなく、助けてくれる人もいなかったのに、あなたはどうしてあんなふうに自分の未来は明るいはずだと、素敵な大人になるだろうと信じることができたのか、と。

30年後、その少女が信じていたことは現実になった。

アルバイトとして3年間出入りした延世大学工学部で、今では毎年、特別講義をしている。頼もしくて細やかな気配りのできる一人の男の妻となり、健康で活発な二人の娘のママになった。夢見ていたファインアート（純粋美術）を勉強するために留学もしたし、自分の名前を掲げたメイクアップブランドとアカデミーもつくった。

このすべての日の始まりを、私はその17歳の少女に見る。あの少女の熱望と未来への信頼が、今日の私をつくったのだとわかる。だから今、私の目の前に彼女が現れたとしたら、抱き締めてあげたい。痩せぎすの縮こまった肩を抱き、優しくトントン叩きながら言ってあげたい。ごくろうさま、本当にありがとう、と。

私がもっとも重要だと考えている言葉は〝透明メイクアップ〟と〝パーソナルカラー〟だ。

この二つの言葉は双子のようなものである。その根底には、「他人と比較せずに、もっとも自分らしい美しさを探そう」という哲学があるからだ。他の人と自分を比べてしまうと、外見について常に不満を抱きがちになる。でも、自分をじっくり観察して、ぴったり合ったパーソナルカラーを見つけると、どんな流行りやどんな尺度にも揺らぐことのない自分だけの美の基準が生まれる。そして自分を否定することも隠すこともなく、他の人をやみくもに真似るのでもない、私らしい私になるためのメイクアップができるようになる。

私も揺れたことがないわけではない。自分を否定したくて、濃いメイクと突飛なファッションに執着した時期があった。しかし、すぐさま17歳の頃の私が現れて、自分を諭した。私が本当に望んでいる姿はこれじゃない、自分を隠しながら他の人みたいになろうとしたって真の価値を発見することはできないよ、と。

自分がどんな人間なのか、何を望んでいるのかを直視したとたん、初めて私の価値が見えてきた。そればかりか、他人の価値も見えるようになった。他の誰とも比べられない、まさにその人だけの価値。そこに着目すると、メイク法が変わった。流行りのメイクを誰にでも画一的に施すのではなく、その人が持って生まれたラインときめに合わせて、固有の魅力をもっとも引き立たせるメイクをするようになったのだ。それで、ジョン・センムル・ビューティーのキャッチフレーズも「Beauty starts from you. Just believe」に決めた。

美しさは、自分を知り、自分を信じるところから始まる。

いや、それだけではない。人生において起こる変化はすべて、自分を知って自分を信じるところから始まる。

この本では、こうしたシンプルな真理をお伝えしたい。自分を知って自分を信じなければならないという、誰にでもできて、誰もが知っているように思えるこの言葉が、どれほどパワフルで大きな影響力を持っているのか、17歳のしがないアルバイトが〝スターメイクアップ・アーティスト〟を経て、〝Kビューティーの先駆者〟になった、その奇跡のような物語が、ほかでもない自分への信頼から始まったということを伝えたかった。

そして17歳の頃の私のような表情をしている誰かに、今しっかりやれていますよ、何もかもうまくいくはずです、そう信じてください、と囁きかけたくて書いた。

この世のすべての人に自分を信じてもらう必要はない。私なら成し遂げられるはず、きっと夢が叶うだろうと自分自身が信じてあげれば、私が私を信じてあげれば、それで十分だ。

こうした思考は純真すぎるのではないかと考える人に、私がよく引用するこの文章をお伝えしたい。ドイツの心理学者であり、ビジネス系の専門家であるイェンツ・ヴァイドナー（Jens Weidner）が著書『知的な楽観主義者』（未邦訳）に記した言葉だ。

未来は明るいと信じる人だけが、その結果をもたらすための意欲を燃やすことができる。バラ色のメガネをかけた人こそが最終的に黒字を生み出すのだ。

この本によって、バラ色のメガネをかけた同志が増えることを願っている。

ジョン・センムル・インスピレーションとジョン・センムル・ビューティーのスタッフに、この場を借りて感謝の気持ちを伝えたい。そして、ジョン・センムル・アート&アカデミーに通った数多くの受講生たちの幸運を祈る。この本のために労を惜しまなかったビジネスブックスの関係者のみなさんにも感謝を申し上げる。最後に、愛する私の家族、ユ・ミンソク氏と、アイン、ラエルにこの本を捧げる。

２０２０年夏

ジョン・センムル

Chapter 1

未来を具体的に描く
夢が現実になる人生ロードマップ

Chapter 2

スタートラインを定める
すべての未来は〝今の私〟から始まる

Chapter 3

自己肯定感を高める
人生ロードマップで近道を探す方法

Chapter 4

本当の幸せに近づく
別々に、そして、一緒に愛する方法

appendix

LIFE MAKE-UP BOOK

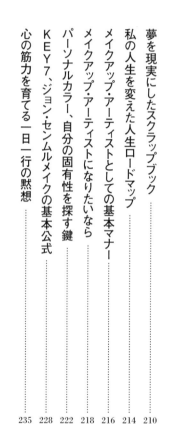

本文中の〔　〕は訳注を表します。

Chapter 1

未来を具体的に描く

夢が現実になる人生ロードマップ

Chapter1

奇跡はどんな顔でやってくるのか

いつか最期に目を閉じるときが来たら、人生のどんな瞬間を思い出すだろうか？

これまで私には、嬉しいことや悲しいことや心が満たされる感動的な数々の瞬間があったし、今後もきっとそうだろう。それでも2016年の秋、延世大学の教壇に立ったあの瞬間だけは決して忘れることができないと思う。

私を見つめる若くて好奇心いっぱいの瞳、その前で私は果てしなく緊張した。必死で平気なふりをしようとしても、そうはできなかった。気持ちが高ぶって、声が細く震えた。

「みなさん、私はこの工学部に30年ぶりにやってきました。17歳のときから3年間、延世大学に毎日通っていたんです」

学生たちが戸惑いの表情で私を見つめる。

「当時、私はアルバイトでした。工学部で用務員の仕事をしていたんです。広いキャンパスのあちこちを飛び回りながら、私もここで学生を指導する教授になれたらいいなと思っていたのですが…今日、30年経ってその夢が叶いました」

Quotation

あなたにできるもっとも大きな冒険は
まさしくあなたが夢見てきた
生活を送ることだ。

——オプラ・ウィンフリー（放送人）

胸に熱いものがこみ上げてきて、話を続けられなくなった。すると、学生たちが応援するかのように万雷の拍手を送ってくれた。

17歳で世の中の不公平さを知った

１９８６年、17歳の私は延世大学で働く高校生の用務員だった。アルバイトを始めるというクラスメイトについていき、運良く手にした働き口だ。友だちが遊びに夢中になっている頃、私は授業が終わるやいなや延世大学に駆けつけ、郵便物と書類の封筒を抱えて廊下を駆け回った。郵便物を配る用務員だったが、教授の机の整理や雑用もした。教授が文書をタイピングすると、それを持って商経学部、人文学部、学生課、教授室へと縦横無尽に飛び回った。お客様が来ればお茶を出してテーブルを拭く、まさにオールマイティーな小間使いだった。

月曜日から土曜日まで週６日働いて、奇数月は４万７千ウォン、偶数月は７万２千ウォンを受け取った。こうして稼いだお金で授業料を払った。残ったお金で米を買い、弟妹たちに運動靴を買ってやった。借金取りに追われる父がごくまれに送ってくるお金だけでは、私と双子の姉、弟妹３人の鉛筆すら満足に買えなかった。

父の事業がうまくいっていた頃は、家にお手伝いさんと運転手が常駐していたほど裕福だった。しかし中学に上がる頃になると、家のあちこちに差し押さえの令状が貼られ、ついに家から追い出される事態になった。文字通り、一夜にして人生が真っ暗になったのだ。

そんなある日、担任の先生に呼ばれ、授業を受けるな、今すぐ庶務課に行って立っていろと罰を与えられた。授業料を払っていないからという理由だった。当時、1クラスの生徒は68人ぐらいだっただろうか。その大勢の生徒の中で授業料を払えないのは、よりによって私だけだった。クラスメイトの視線が一斉に私に突き刺さった。

私は静かに席を立ち、庶務課へと向かった。一歩進むたびに涙がぽとぽと落ちた。あまりにも情けなく、みじめで恥ずかしかった。授業料を払えないのは私のせいじゃないのに、大人が、それも先生が、どうしてそんな理由で友だちの前で私に恥をかかせて、傷つけるんだろう。そのとき決心した。授業料のせいで二度と恥をかくまいと。将来、あんな大人には決してなるまいと。

西洋画を学んだ母の影響で、私は幼い頃から画家になりたいと思っていた。学校の美術部で活動しながら、こつこつ絵を描き続けていた。でも授業料を払えないほど家計が傾くと、美大への進学は遠い夢になってしまった。

教授の小間使いとして、重い本を抱えて校内のあちこちを駆けずり回りながら、視線はいつも私より2～3歳上の大学生たちへと向かっていた。「世の中はどうしてこんなに不公平なんだろう。あの人たちは学生なのに、どうして私はアルバイトとしてここにいるのかな。ここの学生たちは一体どんな勉強をしているんだろう。いつか私も、あの人たちみたいに教科書を胸に抱えてキャンパスを歩けるかな…」。当時、私の心の中は欲望と願望でいっぱいだった。しかし、幸か不幸か、幼い用務員だった私はとても忙しく疲れていて、自分の境遇を悲観している余裕はなかった。

その頃、大学街は民主化闘争の真っ最中だった。延世大学の学生だった李韓烈《イハニョル》氏が、警察の催涙弾に撃たれた6月9日、私もその現場にいた。

正直、学生運動には関心がなかった。幼い私はただ毎月お金を稼いで授業料を払い、弟妹たちに学用品を買ってやることしか考えていなかった。その日も、もうもうと立ち込める催涙弾の煙にむせながら雑用をこなしていたが、突然目の前が暗くなり、気を失ってしまった。目を覚ますと自宅にいた。近くで催涙弾が炸裂したせいで気絶した私を大学の関係者が家まで運んでくれたのだ。そんなふうに倒れた翌日も、私は働くために大学に行った。

アルバイトとはいえ、お金を稼ぐのは楽ではなかった。清掃係ではなく用務員だった私を、ほこりが溜まっていると責めて睨みつける教授もいたし、蔑むような目つきと身振りでぞんざいに扱う教授もいた。恨めしく悲しい気持ちで涙をぬぐったことは一度や二度ではない。

しかし、誰もがそうだというわけではなかった。教授の多くは幼い私をけなげに思って、親切に接してくれた。とくに工学部のイ・ハンジュ学長のことがいちばん記憶に残っている。いつも笑顔で私を迎えてくださって、お使いを頼んだ後は必ずありがとうという言葉をかけてくれた。一度、似顔絵を描いてほしいと頼まれたこともある。

「君は絵がとてもうまいそうだね？　ひとつ、私の顔を描いてみてくれないか？」

私を〝雑用係の若者〟ではなく、〝夢を持つ、れっきとした一人の人間〟として見てくださったことに心から感謝した。先日、『TVは愛を乗せて』という番組から出演依頼があり、会いたい人を聞かれたので、学長の話をした。ところが残念なことに、アメリカにいらっしゃるということで出演は不可能だった。お会いすることはできなかったが、お元気だという便りを聞いて、とても嬉しくありがたい気持ちだった。

一度、高校生たちが先生と一緒に私をインタビューしに来たことがある。年齢を尋ねると、17歳だという。生徒たちの顔はあまりにも白くつるりとしていて、あどけなく見えた。彼らを見ながら「あの頃の私もこんな顔だったのね。こんな赤ん坊のような顔で、授業料を稼ぐために働きに出ていたんだ」と思った。17歳の自分が改めて不憫に思えて、痛々しさに心が締めつけられた。もちろん、当時の私は自己憐憫だけに浸っているわけではなかった。私が敬愛する教授のように、いつかこの延世大学の教壇に立つことになる日が必ず来るはずだと確信していた。そしてちょうど30年後に奇跡が起こり、夢は叶った。

歩いてきたすべての道には理由がある

延世大学の工学部化学生命工学科から講義依頼が入ってきた。卒業後、化粧品会社に研究員として就職する学生が多いため、メイクアップの専門家として講義をしてほしいというオファーだった。工学部でアルバイトを始めてからちょうど30年後のことだ。

その日から講義当日まで、ずっと眠れなかった。「私にこんなことが起こるなんて。望んでいた夢が叶うなんて」。不思議で、感激した。なんとか眠りにつくと、17歳の高校生に戻り、郵便物を胸に抱いて延世大学の廊下を走る夢を見た。

ほとんど眠れないまま講義の朝を迎えた。親しい仲である作家のキム・セヘ氏、数人のスタッフと共に講義の4時間前に学校に到着した。のどかな秋の日だった。心が浮き立っていたせいか、キャンパスのあちこちが活気に満ち溢れているように見えた。キム・セヘ氏と並んでキャンパスを歩いていると、数人の学生が私に気づいて、一緒に写真を撮ってほしいと声をかけてきた。

お昼は学食で食べることにした。30年前、毎日出入りしていた大学だったが、学食に行ったことはなかった。同行者と一緒にほぼすべてのメニューを注文して、あれこれ味見をした。食堂を出ると、キム・セヘ氏が校内の文具店に行ってみようと言った。

17歳の私は、延世大のシンボルマークがついたノートがとても欲しかった。大学生のお姉さん、お兄さんが小脇に挟んで歩いていたそのノートを羨望の目で見つめていた記憶が鮮やかに蘇る。いつか私がそんな話をしたことをキム・セヘ氏は覚えていてくれたようだ。延世大のシンボルマークがついたノートを数冊買って、プレゼントしてくれた。

講義まで時間の余裕があったので、音楽学部に足を向けた。ベンチに座って美しいキャンパスを眺めているうちに、ようやくまた延世大学にやって来たんだなという実感が湧いてきた。30年前は教授のおつかいでしょっちゅう行き来していた場所だが、ベンチに腰掛ける勇気がなかった。ほんの5分でも座ってみればよかったのに、当時はなぜあれほど気後れしていたのだろうか。

47歳になって再びこの場所を見渡してみると、17歳の頃とは大きく違っていた。校門はこんなに小さかったっけ。廊下ももっと広くて長かった気がするけれど…。当時は成熟した大人に見えた大学生も、今の私の目にはひたすら幼く、あどけなく見えた。

夢は決して私を忘れない

講義時間に合わせて工学部の建物に入ると、当時の記憶がどっと押し寄せてきた。かなり古ぼけてはいたものの、廊下やトイレ、教授室などのあちこちに見覚えがあった。タイムマシンに乗って30年前に戻ったような気分だ。廊下の突き当たりから、痩せ細った小さな17歳の私が分厚い本を抱えてふうふう言いながら歩いてきそうな気がした。

肝心の講義では、どんな心持ちでどんな話をしたのか覚えていない。講義の終わりに言った言葉をかろうじて記憶している。「みなさんが今、学んで身につけるすべてのことが、人々の人生を美しく変化させるKビューティー産業の一助となります。そのような意味で、私はみなさんに感謝しています。化粧品の研究員となったみなさんと、いつか一緒にお仕事ができる日がくることを楽しみにしています」

一日中、夢心地だったが、帰宅すると平常心が戻ってきた。私はその日ずっと17歳のジョン・センムルの手を握って歩いていた。神様は私があそこに初めて行った瞬間から、この日を準備なさっていたのではないか。あくせく一生懸命に生きながらも、ふとわびしさを感じて涙する17歳の私を慰めてやれ、よく頑張ってると褒めて肩を叩いてやれと、47歳の私にこの贈り物のような一日をくださったのかもしれない。

メイクアップ・アーティストになって、自分の名前を掲げた会社とアカデミー、化粧品ブランドをつくり、Kビューティーの先駆者と呼ばれるようになったが、私にとって17歳のあの時期は、触るたびにピリッと痛みが走るささくれのようなものだった。30年という時を経て延世大の教壇に立ったあの日、初めて当時の私と和解することができた。私が歩んできた道にはすべて理由があったのだと今は分かる。

神様に偏愛されているのかもしれないと感じるぐらい、この30年の間に私は本当に多くのことを成し遂げた。この本は、これまで私に起こったその奇跡のような出来事についての記録だ。何が私を「貧しい17歳の少女」から、「メイクアップ・アーティストであり二人の子どもの母、この社会でエネルギッシュに生きる一人の大人」にさせたのか、私が何を望み、どのように成し遂げたのか…。これから、その秘密をお話ししてみようと思う。

Chapter1

大丈夫、心配しないで

Quotation

夢は叶う。
その可能性がないのなら
自然は初めから私たちに
夢を見せはしなかっただろう。

――ジョン・アップダイク（小説家）

17歳の私には友だちがいなかった。友だちと遊ぶ時間はもちろん、お金も心の余裕もなかった。友だちと付き合う代わりに、私は一人でスクラップブックをつくった。美しい写真や気に入った記事、素敵な人のイメージを無心で切り抜いて貼り付けた。

何かを集めてスクラップする習慣は、ごく幼い頃から持っていた。私の目に美しく映るものであれば、ガムの包み紙、色紙、包装紙、布の切れ端など、どんなものでも取っておき、ハサミで切り取ってはコラージュしてノートに貼り付けた。記録とスクラップが大好きだった母の趣向を受け継いだのかもしれない。

スクラップブックで「理想」をつくる

幼い頃のスクラップはただの戯れで、お遊びに過ぎなかったが、17歳の頃は違った。文字通り〝生きるために〟スクラップをした。私はしがない現実を否定したかった。卑しい現実ではなく、新聞や雑誌の整った美しいイメージの中で生きたかった。

父はいつも留守だった。事業がうまくいっているときは忙しく、そうでないときは借金取りに追われていて家にいなかった。私には、家族で食卓を囲んで仲睦まじくご飯を食べたり、家族旅行に行ったりした記憶がまったくない。こうした欠乏感を新聞や雑誌の記事を切り取ってスクラップすることで満たしていた。新聞には仲良く家族会議を開く一家がいて、子どもを肩車して明るく笑うパパがいて、バースデーケーキを焼くママがいた。また、自分のキャリアを着々と築き上げている女性がいて、知的な教授がいて、美しくメイクアップをした俳優もいた。こんな写真をハサミでチョキチョキ切り取ってスクラップブックに貼り付けると、そのすべてが実際に私の物語になるような気がした。

私もいつかは美しい家庭を持つことができる、堂々としたキャリアウーマンになれるだろう、お金の心配をせずにやりたいことを思う存分やれるはず、私と同じように困っている子どもを助けることができるだろう。記事やイラストの下に自分の理想と約束を込めた文章を書くこともあった。そんなふうにスクラップブックが一冊、二冊と増えていくにつれて、夢もどんどん大きくなっていった。

小学校に通っていた頃、しばらく延禧洞《ヨニドン》の貧民街に住んだことがある。宮殿のような高級住宅街を通り過ぎ、急な坂を果てしなく上った先に我が家はあった。

貧しい町にも春になればバラが咲いた。カボチャとバラのツルが生い茂る空き地が、私のいつもの遊び場だった。想像の中で、私はバラのツルに囲まれた素敵なお城に暮らすお姫様だった。一度、そんな幻想を友だちに話したら、友だちがそれを事実だと信じて我が家に遊びにきたことがあった。貧民街にある我が家を見たときの友だちの表情を今も生々しく覚えている。がっかりした顔を見て、私の幻想は無惨に崩れ去った。

17歳の私にとって、スクラップブックは幻想の城のようなものだった。その城には仲睦まじい家族と素敵なキャリアを持つ私が生きていた。スクラップブックでつくった幻想の城は絶対に崩れなかった。

四つの奇跡は10代のスクラップブックにあった

２０１５年、〝女性家族部青年女性メンタリング事業（女性政策の企画・統括、女性の権益増進など地位向上、青少年や家族に関する事務を担当する省庁）〟の代表メンターに選ばれた。講演の準備をするために17歳の頃の思い出を辿りながら、ふとスクラップブックのことを思い出した。きちんと保管していた数冊のスクラップブックには、高校時代に私が羨望していた憧れのイメージがぎっしり詰まっていた。思い出に浸りながら一枚ずつページをめくっていると、突然腕にゾゾゾッと鳥肌が立った。

「待って、これは何？　何もかも今の私の姿だわ」。仲睦まじい家庭を築くこと、ファインアートを学ぶこと、芸術的な分野でキャリアを積むこと、延世大学の教壇に立つこと…。私が夢見たすべてのことが完璧に現実になっていた。当時のスクラップブックは現実逃避のための手段だったが、今になって見てみると、それは将来を見通す預言書だった。

とても驚いて、スクラップブックの内容と一致する人生の軌跡を年度別に整理してみた。するとまた、驚くべき結果が出た。私の人生における象徴的な大型イベントはすべて10年単位で起こっていた。まるで神様が私の人生にぴったりものさしを当てて、着々と設計したかのようだった。

私の人生最初のイベントは、誰がなんと言おうと1986年、17歳という年齢で延世大学のアルバイトを始めたことだ。小間使いとして働きながら授業料を稼いでなんとか高校生活を終え、卒業と同時に生業《なりわい》の最前線に飛び込んだ。色々なアルバイトを転々として、ついに定着した職業がメイクアップ・アーティストだった。その後8年間フリーランサーとして働きながら、メイクアップアートが私の天職だという事実を悟った。時には理不尽な目に遭ったり、ギャラを踏み倒されたりもしたが、仕事がとても楽しくて好きだったから、疲れを知らなかった。

そのうち、最初のイベントからちょうど10年が経った1996年に、夫のサポートで初めてのビューティーサロンをオープンした。これがまさに私の人生の二つ目のイベントだ。夫は俳優のペ・ヨンジュンやパク・サンアが所属する芸能プロダクションの代表で、彼が所属俳優のメイクを私に依頼したことがきっかけで知り合った。

ところが3~4回会った頃、彼が私に関心を示すようになった。いい人だということは知っていた。評判も良かったし、一緒に仕事をして、いっそうそれを実感することができた。しかし、当時の私はメイクアップ・アーティストとしてようやく安定してきた頃で、暮らし向きもラクではなく、誰かと付き合っている場合ではなかったので彼を避けた。やがて私の家庭の事情を打ち明けることになった。

「家の経済状況が厳しくて、私がお金を稼がないといけないんです。今は結婚なんてできません」

遠くに逃げろという意味だったのに、むしろ彼はさらに一歩、私に近づいた。

「それが理由なら、その荷物、一人で抱え込まないで私と分け合いましょう」

そうして私たちは恋人になり、8カ月後に夫婦となった。

豪語したとおり、彼は私の荷物を一緒に背負ってくれたうえ、身軽になった私の肩に大きくて丈夫な翼をつけてくれた。


今でこそだいぶ変わったが、当時は女性が結婚すると、キャリアを捨てなければならないケースが多かった。しかし私はむしろその逆だった。当時はメイクアップ・アーティスト第一世代が清潭洞《チョンダムドン》を中心にビューティーサロンをオープンして、ウェディングと芸能人のメイクアップを手がけるようになっていた。ビジネス感覚に長けた夫は、ナチュラルメイクアップの創始者として注目された私がビューティーサロンをオープンすれば、十分に勝算があると判断した。フリーランサーとして、明け方から深夜まで現場を渡り歩くのを見ているのもつらいと言った。

そして1996年の冬、清潭洞《チョンダムドン》の小さなビルを借り、初めてのビューティースタジオをオープンした。

スタジオを開くやいなや、政財界の要人と芸能人が満ち潮のようにやってきた。ほどなくして押し寄せる顧客に対応できなくなり、1年余りでもっと大きなビルに移転しなければならなくなった。ビューティーサロンの規模が大きくなると、夫は果敢にも芸能プロダクションを畳んで、ジョン・センムル・ビューティーの代表理事になった。

一カ所でヘアメイク、スキンケア、ネイルなどの施術をすべて受けられるトータル・ビューティーサロンは、Kビューティーならではのシステムだ。実績のあるビューティー専門家が集まっているため、より安定したサービスを受けることができる。

芸能人の場合、担当者によってビューティーコンセプトやスタイリングが変わってしまうことがあるが、トータルビューティーシステムを利用すれば、自分の一定のイメージをキープしながらケアを受けることができる。

ビューティーサロンの成功は私のキャリアにおいて、大きな道しるべとなった。当時、私たちのサロンはKビューティー熱風の中心地と認められ、このシステムをベンチマーキングするために日本やフランスから見学者が来ることもあった。

ビューティースタジオをオープンしてから10年後の2006年、私は37歳でサンフランシスコに留学した。これが私の人生の三つ目のイベントだ。事業が繁盛している最中に、遅まきながら留学という道を目指すのは容易なことではなかった。

しかし、夫と知人たちの応援と激励のおかげで勇気を出すことができた。私は留学生活によって、ファインアートへの長年の渇望を癒し、自分ならではの揺るぎないメイクアップ哲学を確立することができた。留学は私にとってまさしく一世一代のチャンスであり、ターニングポイントになったわけだ。

私の人生の四つ目のイベントは、延世大学工学部での講義だ。これもまた三つ目のイベントからちょうど10年後の２０１６年、47歳のときに起こった。

17歳のときはアルバイトとして小走りに大学キャンパスを飛び回り、27歳のときは私の名前を掲げたビューティースタジオで明け方から深夜まで楽しく働いた。37歳のときは晩学の留学生として、新しい知識と文化をスポンジのように吸い込んで内面を肥らせ、47歳で夢に描いていた大学の教壇に立った。これだけでも驚くべき人生逆転ではないだろうか。

しかし、さらに驚くべきことがある。このすべての物語が17歳のときにつくったスクラップブックの中にすでに存在していたという事実だ。はたしてこれを偶然だと言えるだろうか。

Chapter 1

イメージを集めれば夢も加速する

誰かがあなたに「スーパーで〝ティリリン〟を買ってきて」と言ったとしよう。あなたは〝ティリリン〟が何なのかわからないので、スーパーの店員に尋ねる。店員が示した場所で〝ティリリン〟を見つけたものの、数多くの〝ティリリン〟の中からどれを選べばいいか迷ってしまう。ある〝ティリリン〟は青みがかっていて、ある〝ティリリン〟は真っ黄色で、また別の〝ティリリン〟は黄色に黒い点がついている。結局、あなたは目をぎゅっとつぶって、適当な〝ティリリン〟を選ぶ。それがベストなのかどうかは結局分からない。

でも、もし〝ティリリン〟ではなく「バナナを買ってきて」と言われたとしたらどうだろう？　〝バナナ〟という単語を聞いた瞬間から、あなたの頭の中には真っ黄色でしっかりしたバナナのイメージがくっきりと浮かび上がることだろう。その結果、あなたはさまざまなバナナの中から、迷うことなく望むバナナを探すことができる。

Quotation

追い求めれば得られる。だから、むやみにつまらないものを欲しがるな。

――司馬遷（歴史家）

自己肯定感をくれるスクラップブック

このように、頭の中に希望するものへの鮮明で明確なイメージを持っている人は、そのイメージと同じものや類似したものを得るためにベストを尽くす。自分が願うものが何なのかを具体的に知っているからだ。

一方、はっきりしない漠然としたイメージしか持っていない人は、選択の基準がないせいで、手当たり次第に得られるものを手にすることになる。

ネックレスを買いに行ったとしても、欲しいブランドや色、形、チェーンの長さ、マッチする服などについての明確なイメージがあれば、効率的で満足のいくショッピングができる。一方、〝ネックレス〟というぼんやりしたイメージしか持っていない人は、数十カ所を歩き回っても結局欲しいものを買えなかったり、適当な買い物をしたりすることになる。

スクラップブックをつくるべき理由がここにある。自分は何が好きで、何を望んでいるのか、どんな人になろうと思うのか、ただ漠然と夢見ているだけでは、そのどれも手に入れるのは難しい。しかし、スクラップブックという視覚化手段を活用して、自分が望み、夢見ることについての明確なイメージを脳に刻印すれば、結果的に目標達成がいっそう容易になる。

自分が求めるイメージを集めている人とそうではない人では、成長のスピードが違う。イメージを集めている人の成長スピードには加速がつく。夢見るイメージを集めれば、ひとまず目標が確実かつ鮮明になる。すると、選択の瞬間にそれが自分の目標に符合するのかそうでないのか、賢明な決定を下せる可能性が大きくなる。偶然訪れたチャンスを決して逃さない。このチャンスがどんな可能性につながるのか、自分にとって重要かどうかを即座に判断できるからだ。

何と言っても、イメージを集めてスクラップすることは、自分を理解して振り返る省察の機会になる。自分を魅了して引き寄せるイメージが一目瞭然になるように、あなたもスクラップブックをつくってみてほしい。すると、ある瞬間、マジックアイのように自分という人間のアイデンティティが鮮やかに浮かび上がる。私が仲睦まじい家族のイメージを集めていたのは、理想的な家庭を夢見ていたという事実を物語っている。また、視覚的快感をもたらすさまざまなイメージを集めたのは、美術に対する熱望があることを意味する。善い行いをした人々の記事を集めたことは、私もまた世の中に善良な影響力を及ぼしたいと夢見ている証拠だ。つまり、私がスクラップブックの中から発見したのは、厳しい環境に屈するのではなく、常に何かを夢見ている、十分に価値があり、十分に素敵な私自身だった。

こうした自己肯定感のおかげで、私は自分に機会を与えることができた。私の人生を変化させる機会、私が望むことを実現する機会、そして、もっと元気で幸せな人生を生きる機会。自ら自分に機会を与えようともせずに、他の誰かが機会をくれるだろうと待っているだけでは、何も起こらない。どんなことも、自分自身から始まるのだ。

鮮明なイメージはあなたを導くパワーとなる

今でも私は、自分の夢や願いをスクラップしている。

以前と変わったことがあるとすれば、スクラップブックの代わりに携帯電話を活用しているという点だ。私を強烈に引き付ける写真や記事、イメージを発見したら、すぐにキャプチャーしたり、写真を撮ったりして携帯電話に保存している。インスタグラムを活用するのもいいアイディアだ。イメージを収集すると同時に、断片的な思考やアイディアを書き留めることができる。

17歳の頃は、スクラップブックは『マッチ売りの少女』のマッチのようだと思っていた。あたたかい暖炉とおいしい料理、懐かしいおばあさんの顔をしばらく映し出して、はかなく消えゆくマッチ。私のスクラップブックも、切実な私の心を投影する、かぎりなく軟弱なマッチに過ぎないと考えていた。ひとときの慰め、一瞬の現実逃避、ただそれだけだと思っていた。

しかし、イメージを集める行為には、それよりもはるかに強力なパワーがあった。スクラップブックの中に含まれた鮮明なイメージは、私が誰なのか、どんな道を歩むべきか、どんなチャンスをつかみ、どんな選択をすべきかを教えてくれた。スクラップブックは幻想を見せて空しく消え失せるだけのマッチでなく、夜道を照らす北極星だった。いくら現実が真っ暗だとしても、北極星が私の道を照らしてくれていたから、怖さも寂しさもなかった。

あの頃スクラップブックをつくっていなかったら、私はここまで来るための道しるべを手に入れられただろうか？

今、私の携帯電話には57歳、67歳、さらには１０７歳まで、私の人生を照らす北極星のようなイメージが詰まっている。その鮮明なイメージを道しるべとして、今日も私は一歩ずつ、恐れることなく歩いていく。

「未来の私」のイメージを具体的に描いてみる

将来のあなたを写真に撮ったとしたら、どんな姿をしているでしょうか？　具体的に思い浮かぶイメージを下の空欄に書いてみましょう。
あなたが夢見るイメージにもっとも近い写真やイラストを貼るのもおすすめです。

10年後の今日、私は（　　　　）な姿で（　　　　）をしている。

20年後の今日、私は（　　　　）な姿で（　　　　）をしている。

30年後の今日、私は（　　　　）な姿で（　　　　）をしている。

40年後の今日、私は（　　　　）な姿で（　　　　）をしている。

50年後の今日、私は（　　　　　　）な姿で（　　　　　　）をしている。

60年後の今日、私は（　　　　　　）な姿で（　　　　　　）をしている。

Chapter1

失敗した夢はない、果たせなかった夢があるだけ

Quotation

成功の秘訣は大きなビジョンを持ったこと。それだけだ。

――ビル・ゲイツ（企業家）

自分の学生時代を振り返ってみると、「あの歳でどうしてこんなことを考えることができたのだろう」と感じることがかなり多い。スクラップブックもその一つだ。誰かに「イメージを集めれば、より早く夢に近づけるよ」と耳打ちされて始めたわけではない。ただ好きだからやっていただけだ。これをしなければ、とても生きてはいけないというような切迫感から始めたことだった。疲れたときやストレスがたまったとき、知らず知らず甘いものに手が向くように、私の無意識が自分にやらせたことだったのではないかと思う。

これに似たことが他にもある。20代後半から〝人生ロードマップ〟というものをつくり始めた。メイクアップ・アーティストとして名を知られ始め、目が回るほど忙しく働いていた時期だった。仕事が洪水のように押し寄せて、嬉しさと喜びを感じながらも、一方ではその荒々しい波に押されて、とんでもないところに行きつくことになるのではないかと怖かった。そこで始めたのが〝人生ロードマップ〟づくりだ。それまでやっていたように私が好きなことや願っているイメージをスクラップしつつ、これを体系的に分類して整理した。そして、それらをま

とめたノートの表紙に〝私の人生ロードマップ〟というタイトルを書いた。

具体的な目標が脳のスイッチを入れる

あとになって、私以外にもこのような作業をした人々がいるということを知った。絵や写真をスクラップすることによって夢と理想を可視化し、それを一定の体系でマッピング(mapping)して、誰よりも早く夢を現実にした人々がいた。知人にすすめられて、こうした話が書かれた本を読み、長らく抱いていた疑問である「なぜ私が夢見るすべてのことは叶うのか?」に対する答えを得た。

脳には〝目標指向体制〟というものがあり、明確な目標を設定すると、これを達成するためにあくなき努力をするようになる。目標が具体的で視覚的に明らかであればあるほど、脳はこれをより明確に認知するからだ。

人生ロードマップは、こうした目標指向体制のスイッチを押してくれる。私が直観的にやってきたことに、こうした効果があったということを知って、ゾクッと戦慄が走った。

それ以来、私だけの人生ロードマップを発展させると同時に、周辺の人々にもその方法を共有するようになった。とくにジョン・センムル・アート&アカデミーの講義や青年メンタリングをするときは、人生ロードマップを必ず取り扱う。私は人生ロードマップを「自分の人生の目標を達成し、自己実現するための具体的な過程を図表やコラージュなどのさまざまな方法で整理したもの」と定義している。つくり方は、誰でもすぐに始められるほど簡単だ。

まず、自分の夢と理想が描かれた絵や写真、あるいは記事を選んでスクラップする。

次に、スクラップした資料を基にして、自由に人生ロードマップをつくる。

決まった形式はないが、最初は自分の人生の過去・現在・未来をひと目で見ることができるように時系列でつくるといい。そして、絶えずアップデートする。人生ロードマップは一気に完成するものではない。自分を魅了するイメージとテキストを発見したら、そのたびに追加していけばいい。

２１４ページで紹介する人生ロードマップは、講演用に私がつくったものだ。17歳から10年単位で私に起きたこと、または、起こるように願った主要な出来事と、ここから派生したアイディアをまるで木が枝を伸ばすように自由に描いた。

実際、人生ロードマップにはとくに決まった形式がない。初めて描くときは、自分自身を点検してみようという意味で時系列のロードマップをつくるように薦めるが、それ以後は自分にとってつくりやすくて見やすいものであればどんな形式でも構わない。1年単位で成し遂げたいことを自由にコラージュしたり、図表を使ってまとめたり、自分の使命やビジョン・趣味・学習など、分野別に複数つくってもいい。自分のビジョンと夢を強烈なイメージで視覚化できるものであれば、形式に決まりはない。

２１５ページは私がコラージュ形式でつくった、また別の人生ロードマップだ。私の57歳の人生ロードマップには、素敵な腹筋の写真が貼られている。写真の下にはフライングヨガ、水泳、ウエイトトレーニング、ゴルフなど、具体的な運動種目を書き入れた。67歳の人生ロードマップにはパラグライディングの写真があって、77歳の人生ロードマップにはサルサダンスを踊る老人カップルの写真に〝バランスの取れた人〟という言葉を添えた。神が許してくれるならば87歳、97歳の人生ロードマップを使うこともあるだろう。87歳の人生ロードマップにはオードリー・ヘップバーンのようにボランティア旅行に出る計画を、97歳の人生ロードマップにはフランスの別荘で絵を描くという計画を書き込んだ。

夢を阻むいちばんの原因は「失敗への恐れ」

前述した脳の〝目標指向体制〟をうまく作動させるには、目標の視覚化を怠らず、繰り返すことも重要だ。反復的に同じイメージを思い浮かべると、私たちの脳はこれを〝命をかけるほど重要なこと〟だと判断し、目標指向体制の作動効率をさらに向上させるという。したがって人生ロードマップをつくったら何度も見返して、繰り返し夢を想起しなければならない。つくっただけで見返すことがなければ、効果が落ちてしまう。

友だちやセレブのインスタグラムを見て劣等感や羨望心を深めるのではなく、その時間に自分がつくった人生ロードマップを一度でも多く眺めてほしい。他人の人生を羨んで情熱を浪費するべきではない。自分が夢見る姿、そして願うものに対するイメージを頭の中にくっきりと鮮やかに刻み込もう。

人生ロードマップのイメージを頭の中に思い浮かべるだけでも、夢を点検して、モチベーションを高める効果があるという。しかし、こうした意図的な努力をするよりも実物を目につく場所に貼っておいて、頻繁に見ることをおすすめする。私は、オフィスの壁にかかっているコルクボードにコラージュした人生ロードマップを貼り、折に触れて見ている。ほかに、パソコンや携帯電話の待ち受け画面に設定したり、デスクのそばやベッドの枕元に貼ったりするのもおすすめの方法だ。

人生ロードマップを描くことは、思いのほか難しい。受講生に人生ロードマップづくりの課題を出すと、大きなプレッシャーを感じるという人が多い。知識や学歴が必要なわけでもなく、ただ自分について考えるだけなのに、これまでやったことがないという理由でてこずってしまう。

なぜ自分の人生ロードマップづくりに苦心するのだろうか？　人それぞれの理由があると思うが、もっとも大きな理由は失敗への恐れを持っているからだ。失敗を恐れすぎると、夢がしぼんでしまう。こんな境遇でこんな夢を見るなんて、身の程知らずなのではないだろうか？　私がこんな夢を持っていることを他の人に知られたら笑われるんじゃないだろうか？　こうした恐れが夢の足首を捕らえて、人生ロードマップを描こうとする手をためらわせる。

すでに窓は開いている。気づいていないだけだ

人生ロードマップは人生の計画表ではない。計画表であれば実現可能な目標を定めることが重要だが、人生ロードマップは必ずしもその必要はない。もちろん、ロト当選や遺産相続のように、運まかせや他力本願な夢では困る。体一つで空を飛ぶような実現不可能な夢でもいけない。

しかし、努力で成し遂げることのできる夢なら、いくつ書いてもかまわない。今は非現実的に、むしろ大きくて遠大な夢であるほどいい。小さな夢を見れば小さなことだけしか叶わないが、大きな夢を見れば大きなことを成し遂げることができる。

たとえ夢を叶えられなかったとしても、失敗とは言い切れない。もし私が20歳の頃に美大へ進学できないことを失敗だと考えて夢を諦めていたとしたら、37歳でサンフランシスコ留学を決断することはできなかっただろう。その夢を人生ロードマップから削除しないかぎり、ずっと胸に刻み続けるかぎり、いつかどんな形であれ夢はきっと叶う。したがって、失敗した夢はない。まだ叶っていない夢があるだけだ。

とくに、20~30代は失敗を恐れる理由がない。若さには回復力がある。失敗しても、また浮上できるエネルギーがある。

若い頃、私は体格が小さくて痩せていたうえに、メンタルも弱かった。大人たちから「そん

なに弱くて泣き虫じゃ、何もできないよ」とよく言われた。しかし、幼くて、か弱く泣き虫なうえに、貧しくて学歴もなかった私はその時期を耐え抜き、自分を守り抜いた。いつかは人生ロードマップのイメージのように素敵な人になれるはずだという確信がどんな境遇をも乗り越える力をくれた。

数年前のことだ。ウェディング・メイクアップの予約に合わせて早朝に出勤すると、夜の間、窓が開いていたらしく、一羽のスズメがショップに入り込んでいた。外に出られるよう窓を全開にしたが、スズメはガラス窓に小さな体をドン、ドンとぶつけるばかりで、なかなか脱出することができなかった。このまま死んでしまったらどうしようと急に怖くなったが、助ける方法がなかった。何度もガラス窓に突っ込んでは倒れる姿を見ていられず、目をぎゅっと閉じて祈った。しばらくして音が聞こえなくなったので目を開けると、幸いなことにスズメは開いた窓から外に出て、いなくなっていた。

もしかしたら、私たちも閉じ込められたスズメと同じなのかもしれない。閉じた窓に向かって何度も突進するスズメ。しかし、すでに別の窓は開いている。ただそれに気づいていないだけだ。

ガラス窓に数十回、数百回ぶつかっても諦めずにいれば、いつかきっと、開かれた窓から青い空へと飛び立つことができる。いきいきと夢を見て、熾烈に努力して、すさまじく失敗しよう。めげることなく何度も立ち上がれば、いつか夢は現実になる。

人生ロードマップをつくる前のウォーミングアップ

人生ロードマップづくりに迷ったときは、まず以下の質問に答えてみましょう。

今の自分をつくった、過去の重要な出来事は？

1
2
3
4
5

今の自分を表現するキーワードは？

1

2

3

4

5

未来の自分を想像すると思い浮かぶキーワードは？

1

2

3

4

5

Chapter 2

スタートラインを定める

すべての未来は“今の私”から始まる

Chapter2

「私だけの魅力」を引き出すパーソナルカラー

Quotation

美しさは自分から始まる。信じて。

——ジョン・センムル・ビューティーのスローガン

「あなたの瞳は何色ですか?」

こう質問すると、たいていの人は首をかしげる。鏡に映った自分の姿を数えきれないほど見ながら生きてきたのだから、瞳の色ぐらい分かるだろうと思うかもしれないが、そうでもない。自分の瞳の色を知らない人や、誤解している人は意外と多い。

留学時代、さまざまな人物画を描きながら「赤、黄、青、緑、橙、紫」の6色さえあれば、どんな人種でも表現できるということを知った。6色に白を混ぜたり、明度を調節したりすると、全人種の肌、瞳、唇、髪の色を描くことができる。この事実に気づいてから、人の瞳の色をじっくり観察する習慣がついた。東洋人の瞳は黒いと思われがちだが、人体を成す色に黒は存在しない。人物画を描いてみれば分かる。髪の毛と瞳を真っ黒に塗ると、人間というよりもエイリアンのように見える。

赤リップがジョン・センムルのシグネチャーになった理由

東洋人の瞳をよく観察すると、黒ではなく、ブラウンであることが分かる。それも単色ではなく、赤、緑、黄、青といった多様な色が組み合わさったブラウンだ。

赤と緑の組み合わせから成る「レッドブラウン（ダークブラウン）」の瞳がもっとも多く、橙と青が混ざった「オレンジブラウン」が次に多い。黄と紫が混ざった「イエローブラウン」は比較的珍しい。

瞳の色の見え方は、照明や季節によって少しずつ変化する。とくに西洋人の瞳は、春夏は明るい黄色で、秋冬は濃厚な茶色に変わるなど、季節による変化の幅が大きい。日照量によって肌の色が変わるように、瞳の色にも微妙な変化が起こる。東洋人は西洋人ほど瞳の色が大きく変化することはないが、春夏にはイエローブラウン、秋冬はオレンジブラウンになったりする。

瞳の色を知ることはなぜ重要なのだろうか？　瞳の色から、自分に似合う色が分かるからだ。瞳を構成する基本色が自分にもっともよく似合う色だと考えればいい。

つまり、レッドブラウンの瞳を持つ人は、眉と髪の色を濃い目にして、赤や緑をメイクやファッションアイテムに取り入れるとよく似合う。オレンジブラウンの瞳には、明るい眉毛と髪、コーラル系のメイク、そしてオレンジとブルーのファッションアイテムがぴったりだ。瞳がイエローブラウンなら、金髪やピンクおよびパープル系との相性がいい。

これを基準として、眉毛と髪の毛、メイク、服や小物の全体的な色をコーディネートすれば、失敗する確率が低くなる。私は瞳の色が赤と緑の混ざったレッドブラウンなので、赤いリップを塗るととても華やかになる。一方、オレンジやピンク系のリップを塗ると、何となくやぼったく見える。

もちろん瞳の色以外にも気にすべきポイントはある。自分に似合う色を選ぶには、肌のトーンも考慮しなければならない。しかし、韓国の女性が信奉しているウォームトーン〔日本でいうイエローベース〕、クールトーン〔同じくブルーベース〕の分類法は適切ではない。人間の肌の色というものは、それほど単一・均質ではないからだ。

たいてい頬や耳、唇などはウォームトーンで、鼻や口の周り、目じりなどはクールトーンだ。一人の顔にウォームトーンとクールトーンが混在しているので、「私はウォームトーン」「私はクールトーン」と断定するのはかなり難しい。そのため、肌トーンは「暗い」「中間」「明るい」という程度にざっくり分けて、これに合った色を生かすようにしたほうがいい。

一度きりの人生を自分だけのカラーで染める方法

私は若い頃から、さまざまな色のヘアカラーやポイントメイクを試してきた。もちろん、すべての色がよく似合ったわけではない。メイクをしたとき、とてもやぼったかったり、不自然に見えたりすると、おのずとため息が漏れた。「あーあ。全然似合ってない。私ってなんてブサイクなの！」。自尊心がずたずたになりそうだった。

しかし、人それぞれに固有の色、パーソナルカラーがあるという事実を知って以来、鏡の前でため息をつくことはなくなった。芸能人の誰かみたいに美しくなりたいというのではなく、「もっとも私らしい美しさ」を追求するようになったからだ。私たちの中にはすでに輝く自分がいる。それを探し出すだけでいい。

パーソナルカラーが重要な理由はまさにこれだ。自分に似合う色を知る前と後とでは、雲泥の差がある。パーソナルカラーを知っていれば、リップをスッとひくだけで、自分らしいスタイルを表現することができる。芸能人が塗っていた色だから、友人が使っていてかわいかったから、今年の夏はこれが流行色だから…。こんな思考でカラーを選ぶのはもうやめよう。

どんな服を着るのか、どんな色のリップを塗るのか、決める基準はひとえに自分自身でなければならない。パーソナルカラーを知っている人は、シーズンごとに変わる流行に振り回されない。主人公は常に「自分」であって、「流行」ではないということを知っているからだ。そのため、流行とはやみくもに追うものではなく、自分に似合うようにうまく取り入れて楽しむべきものであることに気づく。

講演中にパーソナルカラーがどれだけ重要であるかを語ると、聴衆の顔に戸惑いが浮かぶ。「そっか、パーソナルカラーを知ることって本当に重要なのね。でも待って、私の瞳の色って何色なの?」という表情だ。ジョン・センムル・アート&アカデミーの受講生も同じだ。私のアカデミーの受講生は10代後半から40代半ばまでと年齢層がかなり幅広い。メイクアップへの関心が高く、さまざまなスタイルを試してきたはずだが、自分の固有の色を知っている人は意外と少ない。

これまで多くの時間、鏡の中の自分を見つめてきたにもかかわらず、瞳の色が分からないのはなぜだろう? パーソナルカラーの重要性を知らなかったせいかもしれないが、一方では自分を覗いて内面の声に耳を傾ける余裕がなかったということだろう。自分ならではの色探しは観察から始まる。パーソナルカラーを知り、個性に気づくためには、長い時間をかけた観察と研究、そして自分に対する信頼が必要だ。

「Beauty starts from you. Just believe」

ジョン・センムル・ビューティーのスローガンだ。「美しさは、自分から始まるということを信じなさい」という意味だ。美しさは自分を知って、自分を信じるところから始まる。自分を観察せずに他人と比較すると、自分の容貌が気に入らず、変えなければならない点だらけに思えてしまう。しかし、自分をつぶさに観察して固有の色を見つければ、これまでは見えなかった自分だけの美しさを発見することができる。そして、こうした個人がどんどん集まっていけば、多様な美しさが共存し、個性が尊重される社会がつくられる。

インターネットで流行色を探す前に、鏡の中の自分の顔を見つめてみよう。日当たりのいい窓際でセルフィーを撮って写真を確認すれば、瞳の色がはっきり見える。漠然とブラウンだろうなと思っていた自分の瞳に、赤やオレンジの光が揺らめいていることに気づくだろう。瞳の色をつくる微妙な色味に注目して固有性を発見した瞬間、初めて自分の美しさを信じて愛せるようになる。自分は、自分が信じたぶんだけ美しくなる。

Chapter2

現在地が分かれば道に迷わない

高校2年生200人を対象に講義をした際、「やりたいことはありますか?」と聞いたことがある。この質問に対して、自信ありげに手を挙げる学生は少なかった。講義を終えて帰ろうとしていたとき、3人の学生が私を追いかけてきた。

「将来について、すごく悩んでいます」

「私もです! 何をしたらいいのか、どんな準備をすればいいのか分かりません」

講義中に投げかけた私の質問が、彼女たちの胸をざわめかせたようだ。

「あなたたちにとって、本当にワクワクする、幸せなことがあるはずよ。それが何なのか考えてみて」

「よく分かりません…」

先生や両親からやりなさいと言われたことには一生懸命取り組むが、自分が好きなことは何なのか、何をやりたいのかは分からないという。

人間の平均寿命はしだいに長くなり、いずれは120歳まで生きることになるそうだ。20歳

Quotation

自分をつまらない人間のように扱うな。その態度は自らの行動と思考を縛り付ける。

——フリードリヒ・ニーチェ(哲学者)

にも満たない高校生がこれからやりたいことをはっきり認識しているというのは、むしろ珍しいことなのかもしれない。それに、最近の高校生は自分を見つめ直す余裕などなく、自ら何かを決定する機会さえ奪われて生きているのではないだろうか。

それでも、自分は何が好きなのか、何をしているときが幸せなのかすら分からずにいるという事実がやるせなかった。絵を描きたいという情熱にあふれていた自分の高校時代を思い出すとなおさらだった。

自分を知らなければ、容貌に執着することになる

ジョン・センムル・アート&アカデミーのカリキュラムに「自分を知り、探し出す」というステップを盛り込んだ理由がここにある。自分を知らずして、他人の美しさを引き出すことはできない。多くの受講生が「授業を聞く前まで、自分の顔についてよく知らなかった」と口にする。顔だけではない。自分は何が好きで、どんなことに胸が高鳴るのか、自分はどんな人間なのか、よく分かっていないというケースが多い。

全員がそうだというわけではないが、自己肯定感の低さを容貌への過度な執着によって解消しようとする受講生もたまにいる。そこから生まれた執着心と関心を、素質と適性だと勘違いして、メイクアップ・アーティストは自分の天職だと言ったりもする。こんな受講生をアーティストとして育てるために必要なのは、メイクのテクニックではない。まずは自分の心を覗い

て観察し、自分と向き合うステップが必要だ。

「ブラインド輪郭描画（blind contour drawing）」の授業がその一つだ。スケッチブックではなく描く対象に視線を固定し、画用紙から鉛筆を離さずに輪郭線を描くというもので、視覚と触覚を発達させ、集中力と観察力を育てる方法として非常に効果的だ。完成した絵を見れば、描いた人の性格がひと目で分かる。

一気にサッと描いた人は果敢な性格で、もじもじためらった跡がある人は用心深くてセンシティブだ。柔らかな線を描いた人は寛大で温和な性格、ツンツン尖った線を描いた人はナーバスだと考えられる。紙いっぱいにぎっしり絵を描いたなら、大胆で活気にあふれた性格である可能性が高く、片隅に小さく描いたなら慎重なタイプだ。

完成した絵から、描いた人がどれほど自分を信じているのかを知ることもできる。画用紙を一切見ることなく対象物だけに視線を固定するため、自分を信じられなければ絵にも迷いとためらい、恐れが表れる。こうした意味でブラインド輪郭描画の授業は、描く対象を観察するだけにとどまらず、自分の内面を覗くきっかけとなる。

有名画家の絵を模写する「マスターコピー（master copy）」の授業も同様だ。模写を始める前に、その絵を選んだ理由を順番に発表する。そうすることによって、自分はどんなスタイルの絵が好きなのか、その理由は何なのか、自分の心を注意深く見つめ直すことができる。

自分を傷つけていたのは他人ではないと気づく

私が行っている「カラー&デザイン」の講義では涙を流す受講生がかなり多い。「自分について考える」という宿題が出て、授業中に発表をしなければならないため、無理にでも自分を見つめ直さなければならない。私は受講生が心を最大限に開くことができるよう耳を傾け、共感して激励する役割を受け持つ。私の苦しい胸の内を先に打ち明けたりもする。すると、受講生も素直に自分のことを話し始める。ときには、親友にすら打ち明けられなかった話が飛び出すこともある。そんなときは発表者も、聞いている人も涙腺が崩壊する。

カラー&デザインの最終講義では、それまでに学んだメイクアップのテクニックを基盤として、どんなメイクアップをしていきたいのか、その理由は何なのかを発表する時間を設ける。話しにくそうにしている子がいたら、自然に話し始められるように質問を投げかける。

たとえば、花を生かしたメイクアップをしたいが、理由はうまく説明できないという受講生がいたら、「どうして花が好きなの？　花を好きになったきっかけは？」と聞いてみる。すると受講生は今まで一度も真剣に考えたことがなかったテーマに戸惑いながらも、ゆっくりと記憶をたどり始める。

「よく考えてみたら、花が好きなのは母の影響みたいです。母は花が大好きで、家中あちこちにいつも花を飾っていました」

そのうちふと受講生は、自分の人生がいつも母親の影響下にあったことに気づく。

「そういえば、私は今まで自分の意見よりも母の意見を重視してきたような気がします。何をするときも、母が喜ぶかどうかが判断の基準になっていました。人生のターニングポイントではいつも母の意見に従っていたんです」

ふだんはまったく意識していなかったことに初めて気づき、驚きを見せる人も多い。

こうしたステップを経て、受講生は他人の視線や自分を押さえ込んでいた感情から抜け出し、ひたすら自分自身と向き合う。数十年生きてきて、こんなふうに新発見した自分はまるで見知らぬ人のようで、時として美しい。そして初めて、自分に嫉妬を抱かせたり、自分を傷つけているのは他人ではなかったことを悟る。あらゆるものは自分から生まれるということに気づいたからだ。初めて世の中に向かって、堂々とした第一歩を踏み出せるようになる。


私たちが道に迷うのはなぜだろう？　ある人は目的地がないからだと言い、またある人は地図がないからだと言う。しかし、道に迷う本当の理由は、自分のいる場所が分かっていないからだ。現在の座標が分かれば、目的地までの経路を設定することができる。自分が足を踏みしめて立っている場所がどこなのか分からなければ、いくら目的地がはっきりしていても、正確な地図を手にしていても道に迷うに決まっている。

これと同じように、自分が何者なのか分からなければ、いくら人生ロードマップをそれらしく描いても道を見つけることはできない。だから、目的地がどこであるとしても、今すぐやるべきことは、自分の内面に入り込み、何者なのかを把握することだ。自分を観察して固有性を見極めることが、コアとなる価値観をつくるための第一歩となる。

自分の価値は、誰かが手に握らせてくれるものではない。一生懸命勉強したから、背が高いから、美しいから、お金があるからと言って得られるものでもない。こうしたものから抜け出して、丸裸になった自分をまっすぐに見つめることが重要だ。真の自分と出会えば、その中で自分ならではの色も、固有性も、コアとなる価値観も発見することができる。

私は毎朝起きるたびに、鏡の中の自分を観察する。瞳の中に熱く赤い光と平和な緑色の光が揺らめき、柔らかくも鮮やかなブラウンを織り成すのを見る。今日も私は覚醒していて、意識は内面に向かって開け放たれている。これまでの時間がつくり上げた、鏡に映る私を観察して、日常の意味とやるべきことのモチベーションを探す。したがって、美しさはいつも私の中から生まれる。私はそれを信じる。

自分を知るための20の質問

1 リラックスした気分になるのはいつですか？
2 怒ったりイライラしたりするのはどんなときですか？
3 選択にもっとも大きな影響を及ぼしているのは誰ですか？
4 最近、幸せだと感じたのはいつですか？
5 最近、不幸だと感じたのはいつですか？
6 嫌でたまらないのに無理にやっていることは何ですか？
7 すごくやりたいのにできずにいることは何ですか？
8 自分をいちばん嫌いになるのはどんなときですか？
9 自分が満足できるのはどんなときですか？
10 自分の未来において、もっとも楽しみなことは何ですか？
11 自分の未来において、もっとも不安なことは何ですか？

12　今、もっとも関心のあることは何ですか？
13　今、もっとも疲れるのはどんなことですか？
14　自分のネガティブな感情への対処法は何ですか？
15　他人のネガティブな感情への対処法は何ですか？
16　時間ができたときはどんなふうに過ごしていますか？
17　ロールモデルは誰ですか？
18　もっとも自信を持ってできることは何ですか？
19　自分を説明する五つの単語を選ぶとしたら何ですか？
20　自分を説明する五つの単語の中から、一つだけを選ぶとしたら何ですか？

Chapter2

他人と比較せず〝最高の私〟に集中する

Quotation

美しさとは
あなたが自分を受け入れようと
決心したときから始まる。
――ココ・シャネル（ファッションデザイナー）

韓国のビューティー業界には〝21号不敗神話〟があるようだ。

ライトカラーである21号のファンデーションはとにかくよく売れる。我が社の製品もそうだ。すべての肌トーンに合わせて多様なカラーを発売したいが、ミディアムやミディアムディープですらあまり売れない現状では、暗い色を開発するわけにもいかない。

韓国女性の大部分が明るいトーンの肌を持っているかというと、そうではない。21号のファンデーションが似合うトーンの肌を持つ人は思いのほか少ない。つまり、多くの女性が自分の肌トーンより明るい色のファンデーションを使っているということになる。

こうした現象はタイ、中国、シンガポールなど、他のアジア諸国でも見られる。

外国人観光客が多いカロスキル［ソウル市江南《カンナム》区《ク》新《シン》沙《サ》洞《ドン》］の売り場でも、明るい色のファンデーションがとびきりよく売れる。売り場のアーティストによると、自分の肌トーンに合ったファンデーションを推薦されても、レジで心変わりしてライトな色に交換する顧客が多いという。

美の基準を世間に合わせなくていい

女性たちがライトカラーのファンデーションを偏愛する理由は何だろうか？　きっと、白く明るい肌への憧れがあるからだろう。しかし、明るい色のファンデーションを塗ったからといって、肌が華やかに見えるわけではない。自分の肌トーンに合わないファンデーションを塗ると、時間が経つにつれて顔色がセメントのように変色し、かえってくすんで見えてしまう。

私は職業柄、他人のメイクにとても敏感だ。あえて見ようとしなくても、自然に目に入る。アイメイクをこう変えればもっと自然になるのに、リップの色を変えたらもっと華やかになるのにと残念に感じることが多い。

もちろん、気兼ねなく過ごせる親しい間柄でなければ口には出さない。しかし、あるときビューティー業界で働く親しい知人が自分の肌の色よりも明るいトーンのファンデーションを使っているのが目について、思わず言った。

「あなたの肌はミディアムトーンなのに、ライトを塗っているのね」

「明るくて華やかなのがいいの。ミディアムを塗ると、なんだか強そうに見えるし」

私は彼女の健康的で活気に満ちた暗めの肌が好きだが、本人は気に入っていないようだった。

自分が持つ魅力に気づけず、むしろ短所だと思っている女性はかなり多い。

優しい目元なのにあえてアイラインを長く上向きに描いたり、優雅なアーチ型の眉毛を剃って輪郭に合わない平行ラインの眉毛を描いている女性を見ると、残念な気持ちになる。自分が持って生まれた美しさに気づいていないようだからだ。

一重まぶたの上に何層もアイシャドウを重ねて目元を窮屈にしてしまったり、そばかすの上にコンシーラーを厚く塗る女性もいる。一重で厚いまぶたも、そばかすが点々と散らばった頬も他人の目には魅力的に見えるが、本人は濃い化粧で何が何でも隠さなければならないコンプレックスだと感じている。

目が大きくてぱっちりしていれば、唇がふっくらしていれば、色白でホクロ一つなければ美しいという考えは、偏見であり固定観念だ。

私は今まで数多くの芸能人と一般人の顔を整えてきた。断言するが、美しくない顔は一つとしてなかった。基礎化粧品だけを塗った素顔のすべてが私には美しく見えた。知的な目つきが、端正な小鼻が、また、優しげな口元が引き立っていて美しかった。頬の真ん中にある小さなホクロが魅力的な顔もあったし、アーチ型の眉毛がよく似合う素敵な顔もあった。

それぞれの顔に確かに存在するこうした魅力が、なぜ本人の目には見えないのか？

それは私たちが内面よりも外見に視線を向けているからだろう。美の基準が自分ではなく他人に、現実ではなく幻想に置かれていたら、自分の美しさは永遠に見えてこないかもしれない。

あなたはあなたの美しさを知らない

最近、若者たちの間で「オンライン・タプコル公園〔ソウル特別市鍾路区に位置する公園。お年寄りが集って将棋などを楽しむ場所であることから、中高年が集まる懐メロサイトが〝オンライン・タプコル公園〟と呼ばれるようになった〕」をはじめとした90年代大衆文化の動画が人気を集めている。91年に仕事を始め、94〜95年から実力を認められるようになった私としては、90年代の大衆文化の動画を見るたびに格別な思いが湧いてくる。

90年代初期は、濃厚なワインカラーの口紅と眉山を高く描いた通称〝カモメ眉〟が大きな人気を呼んだ。都会的で洗練された、セクシーなイメージを強調したメイクだが、今のトレンドと比較すると、多少やりすぎ感があるのも事実だ。

おもしろいのは、ほぼすべての女性芸能人が顔立ちや肌トーン、年齢やキャラクターにかかわらず、ワインカラーの口紅とカモメ眉だったという点だ。芸能人だけでなく、街ゆく一般の女性たちもほとんど同じようなメイクをしていた。

当時、有名スターたちと仕事をしていた私は、そうしたメイクの傾向を踏まえつつも、一方ではこれに代わる別のメイク法を研究していた。洗顔したての女優の素顔はとても美しくて清純なのに、そこに厚いファンデーションと誇張された眉、そして不自然なリップを演出するのは、むしろ美貌を台無しにしているのではないかという気がしたからだ。

どうすれば女優本来の美しさと固有のカラーを生かせるだろうか？　どうすれば女優のナチュラルな姿を画面上でそっくりそのまま伝えられるだろうか？　長い間悩みに悩んだ。そんな中、ずいぶん前に母が言った言葉をふと思い出した。

「センムル、アマチュアとマスターの違いはどこにあるか知ってる？　何かを施した形跡があからさまならアマチュアで、何をしてもそれが巧みに隠されているのがマスターなの。『明らかにきれいになったけれど、一体何をしたんだろう？』という好奇心を持たせるのがマスターよ」

若い頃、ファインアートを学んだ母の言葉は、素晴らしい洞察力に基づいたものだった。母の本棚には有名画家の画集が並んでいた。幼い頃から、私は日が暮れていくことにも気づかず、部屋の中が薄暗くなるまで憑かれたように画集を眺めていた。巨匠の絵はいつも私を惹きつけた。どうやってこんな絵を描いたんだろう？　いくら見つめても、その方法を知る術はなかった。だからこそ、いっそう美しく驚異的で神秘的だった。

「そうだ、メイクアップも同じ。ひと目で分かるような方法では誰も惹きつけられない！」

このことに気づいた私は、トレンドを追うのではなく、新しいメイク法を試してみることにした。洗顔したばかりのように清楚で自然でありながら、すっぴんとは異なる顔。よりすっきり整っていて、活気に満ちた顔をつくるにはどうすればいいのだろうか？　そんなメイクを撮影中ずっとキープするにはどうすればいいだろうか？　こうした悩みの果てに誕生したのが〝透明メイク〟だ。

透明メイクはテクニックではなく〝哲学〟だ

もともと美しくて肌がきれいな芸能人には透明メイクが似合っても、平凡な一般人に適用するのは難しいだろうと言う人もいた。これは、透明メイクを単に化粧を薄くするものだと誤解しているせいだ。

透明メイクとは、本来の肌の色と個性を厚化粧で隠したり歪曲したりすることなく、自然に生かすものだ。素顔に近いナチュラルメイクのように見えるかもしれないが、メイクの前後を比較してみると、明確な差が感じられる。どこに何をしたのかは分からないが、なぜかいっそう活気に満ちて美しく見えるというのが透明メイクの魔法だ。

魔法は決して簡単には完成しない。難易度で言えば、濃い厚化粧のほうがずっと簡単だ。ファンデーションをべたべた塗って細かいシミを隠し、カモメ眉と濃い色の口紅でポイントを強調すれば終わりだから。しかし、透明メイクにはもっと多くの時間をかけ、真心を込める必要がある。

まずは、メイクをする相手の魅力と長所を把握しなければならない。シミやニキビ痕を消すときは、不自然だったり雑になったりしてはいけない。そのためにはベースメイクアイテムの量を調節することがカギとなる。ファンデーションであれコンシーラーであれ、ごく薄く数回かけて、丁寧に重ねていかなければならない。こうした熟練のプロセスを踏めば、素肌がきれいでもそうではなくても、芸能人でも一般人でも関係なく、十分に美しくなる。

透明メイクには確かにノウハウが必要だが、単にテクニックだけの問題ではない。むしろ〝哲学〟に近い。

多くの女性が自分を否定することによって美しくなろうとする。外見の美的基準に合わない自分を捨てて、まったくの別人になれば美しくなれると感じている。そのため、どんなに小さいシミでもとにかく消さなければならず、リップの色と眉の形は必ず流行を追わなければならないという強迫観念にとらわれている。まさにこの点において、透明メイクは単純なテクニックではなく哲学となる。

別人になろうとせず、ありのままの自分を心安らかに認めて受け入れること、そして少しだけグレードアップした姿になるために努力すること、これこそが透明メイクの哲学だ。

Chapter2

もっとも私らしくて、もっとも美しい私

Quotation

スタイルとは自分が誰なのか何を言いたいのかを知ることだ。

――ゴア・ヴィダル（小説家）

高いお金を払ってプロにメイクを頼んだのに気に入らなかったという経験を持つ女性は少なくない。メイクが終わったあと、まるで別人に〝変身〟した自分の姿を見てなぜか不愉快になり、プライドが傷つくのだ。いつもの自分より目が大きくなり、唇もふっくらして、頬の血色もよくなったのに、なぜ満足できなかったのだろうか？　おそらく「私の顔にはそんなに短所が多かったのね」という思いと共に、自分らしい魅力が否定されたような気がするからだろう。

ある記者にこんな質問をされたことがある。「有名なスターがジョン・センムルさんにメイクをまかせ続ける理由は何でしょうか？」

じっくり考えてみたところ、彼らを尊重しようという私の思いが丸ごと伝わるからではないかという気がした。「顧客が持つ固有の美しさを守りつつ、際立たせる」という私の哲学が彼らに届いたのだろう。杓子定規に美の公式に則った顔立ちをつくるのは、技術的に不可能なことではない。しかし、その人が持つ個性と本来のイメージを壊してまでアーティフィシャルなメイクを施すのは、その人の顔だけでなく、生きてきた時間のすべてを勝手に判断して否定す

るようなものだと思う。

自分を愛せるようになると変わっていくこと

ジョン・センムル・アート&アカデミーのカリキュラムの中に、メイクアップの実演を見せる授業がある。一人の受講生をモデルとして、顔半分だけにメイクをする。ビフォー、アフターをひと目で比較できるようにするためだ。メイクが終わると、受講生全員が正面からモデルの左右の顔、つまりビフォー、アフターを比較して、感想を発表する。

このときもっとも多い感想は「何かが変わったけれど、別人になったようなドラマチックな変化ではない。本来の顔立ちをそのまま残しつつ、どことなくきれいになった感じ」というものだ。モデル本人の感想もこれと変わらない。

「思いっきりおしゃれしたという感じや違和感はまったくありません。どう見ても私の顔ですが、いつもよりずっといきいきして、きれいになった感じがします」

私たちアーティストの目標は、メイクによって顧客をがらりと変えてしまうというものではない。『猟奇的な彼女』のチョン・ジヒョンや『IRIS―アイリス』のキム・テヒのように変身させるのではなく〝もっとも私らしくて、もっとも美しい私〟をつくることが目標だ。ミケランジェロが「大理石の中に隠された彫刻を探し出す」と言ったように、顧客の中にすでに存在する美を探し出して、その光を輝かせるだけだ。

ジョン・センムル・アート&アカデミーの教育目標も同じ軌道に乗っている。アーティストがテクニックを見てくれと言わんばかりに顧客の個性を打ち消すことがないよう、適切な境界線を教える。境界線を越えてしまえば、顧客は「私じゃないみたい」という心地悪さと違和感を抱く。とはいえ、顧客の固有性にこだわりすぎると物足りないメイクになり、のっぺりした印象になりがちだ。何事においてもそうだが、メイクにも過不足があってはいけない。メイクアップを受けた顧客に「私らしさを失わずに、きれいになった」と感じさせるのは思った以上に難しい。

では、「私らしさを失わずにきれいになる」ということや、「もっとも私らしくて、もっとも美しい私」とは一体何だろうか?

私たちの顔は、環境とバイオリズムによって微妙に変化する。激務に追われているときやストレスが溜まっているとき、また、大気汚染や生理、便秘などの影響を受けると、顔色と瞳がくすんでくる。毛穴やシミ、シワ、ほてりも目立ってくる。

逆に、嬉しいことがあったり、たっぷり睡眠をとったり、体に悪い食べ物を避けて食事に気を遣うと、顔色と瞳が澄んで肌ツヤがよくなり、とても美しく見える。

いいメイクアップとは、私たちが否応なく晒される有害な環境や悪条件下においても、最高のコンディションの日の顔を再現するもの。自分をもっとも美しいと感じた瞬間、我ながら本当にきれいだと思えたその瞬間へと連れていくメイクだ。

最近流行している〝童顔メイク〟と似ているようだが、厳密には違う。〝いちばん美しい私〟を表現することによって若く見えるという効果も表れるが、〝私がもっとも美しかった瞬間〟は必ずしも若い頃を指すわけではない。過去の自分よりも現在の自分のほうが好きだという女性も多い。私も20代の頃よりも今の自分のほうが好きだ。シワとシミは増えたが、表情や印象がいちだんと柔らかくなり、眼差しに深みが増した。

「美しさ」はつくられるのではなく発見される

全世界がKビューティーに熱狂する昨今、〝Kビューティーの本質〟とは何かという質問を受けることが多くなった。私はKビューティーのもっとも大きな力は「美しさの源を自分の中から見つけ出すことにある」と考えている。

初めてタン・ウェイに会ったとき、私は彼女についてほぼ何も知らない状態だった。とても有名な中国の女優だということは知っていたが、出演映画を観たこともなかったし、ふだんはどんなメイクをしているのかも知らなかった。ほぼ白紙状態で、先入観なく彼女に向き合ったわけだ。素顔のタン・ウェイは印象的な眼差しを持っていた。オレンジがかったブラウンの瞳がとてもきれいで、理知的だった。眉、口元、鼻筋のすべてが自然で美しかった。彼女の美しく優雅な印象を引き立たせるために、過度なメイクは避け、知的で柔らかい眼差しを生かすことに重点を置いた。

数日後、インターネットにタン・ウェイのこれまでのメイクと私が施したメイクを比較する投稿が上がってきた。タン・ウェイの美貌と魅力がいちだんと引き立って見えたという肯定的な反応が多かった。私はこれぞKビューティーの底力がはっきりと見て取れる事例だと思う。すべての人の顔に画一的なパターンのメイクを施すのではなく、持って生まれたラインと質感に合わせて固有の魅力を最大限に際立たせるのがKビューティーの本質だ。

メイクアップをしたからといって、世界でいちばん美しい人になることはできない。しかし、今の私を〝最高の私〟にすることはできる。私より美しい誰かを羨み、その人のようになろうとするのではなく、ただひとえに〝最高の私〟を目指すこと。これがまさにKビューティーの力であり、私のメイクアップの哲学だ。

最善の私、最高の私はどのようにつくられるか

20代序盤、私は自分のことが大嫌いだった。自分の置かれた環境から容貌に至るまで、何もかもが気にくわなかった。自分はどんな人間なのか、何を望み、何をしたいのかも分かっていないのに、とにかく自分を嫌っていた。自分の容姿が嫌いでたまらず、濃いメイクをして、派手な服を着て外出した。見知らぬ人のように不自然な自分の姿が鏡に映ると、ようやく安心した。私は、私ではない完全なる別人になりたかった。

今は、自分がどんな人間なのかをよく知っている。何を望んでいて、何をしたいのかがよく分かる。長い時間をかけて自分自身を見つめ、自分を受け入れた。顧客のメイクアップには数時間をかけるが、自分のメイクは10分もあれば終わる。メガネをかけているので、アイメイクに力を入れる必要はない。リップも自分に似合う色をよく知っているので、悩まずにサッと塗る。別人になりたいという気持ちは、とうの昔に消えた。美しい人や成功している人を見ても、焦ったり自分は不幸だと考えたりすることはない。ただ心安らかに自分を受け入れるだけだ。私はこんな自分をとても気に入っている。

ジョン・センムル・アート&アカデミー受講生の何人かは、20代の頃の私にそっくりだ。派手なメイクアップと服でガチガチに重装備して、自分を覆い隠している。彼女たちのメイクとファッションは流行の最先端を取り入れているというだけで、個性はない。かなり力を入れていることは分かるが、仮面をかぶり、他人の服を借りて着ているかのようだ。

ところが不思議なことに、アカデミーを卒業する頃になると、彼女たちに劇的な変化が起こる。とくに着飾っているわけでもないのに、どこかしら洗練された雰囲気が漂う。とくにメイクのスタイルが大きく変わり、自然で透明感にあふれた清楚な顔になる。こうした変化が起こるのは、メイクのテクニックが向上したことだけが理由ではない。アカデミーのカリキュラムを経て、自分の固有性を探して受け入れる方法を知ったからだ。

しかし、自分のパーソナルカラーを知って固有性に気づいても、それを認めようとしない人々がいる。「私の瞳がオレンジブラウンだったらいいのに」「私の肌はどうしてライトトーンじゃないの?」「私はどうしてスマートじゃないのかしら」「私はなぜ賢くないんだろう」「両親が大富豪ならよかったのに」と言いながら。終わりなき自己否定は、他の誰かになりたいという切望につながっていく。

毎日セレブのインスタグラムを覗き、〝最新トレンド〟という文字を見ると躊躇なく財布を開く。自分の肌トーンや顔型に合っていなくても、とにかく最新トレンドを追いかける。他人の真似をすることにとらわれて、本来の自分には何が似合い、必要なのかを振り返ることはない。だから、高価な服を身にまとって華やかなメイクをしていても違和感が漂う。

しかし、私やアカデミーの受講生たちがそうだったように〝もっとも私らしく〟という点に注目するようになると、変化が起こる。オレンジブラウンではない赤褐色の瞳を、ライトトーンではないミディアムトーンの肌を、スマートではないが健康的な自分の体を受け入れて、愛せるようになる。

〝この世でいちばん美しい人〟になることはできない。でも、〝最高の私、最善の私〟になることはできる。そして、そうなろうと決心した瞬間、人生は誰にも揺るがせないほど堅固になる。

Chapter2

自分を愛することに不慣れな人のための長所・短所ノート

Quotation

私の経験から言えば短所がない人は長所もほとんどない。

――エイブラハム・リンカーン（アメリカ合衆国第16代大統領）

ビューティーサロンは人の行き来が多い場所だけに、数々の噂話が飛び交う。しっかり気を引き締めていなければ、他人のプライベートをあれこれ詮索することに無駄な時間を費やしてしまうかもしれない。

私がスタッフ教育をするたびにいつも強調しているのは、言葉に気をつけなさいということだ。顧客にはもちろん、スタッフ同士でも決して悪口を言ったり噂話をしたり、告げ口をしたりしないように言い聞かせる。

噂好きで、自己省察ができている人を見たことがない。関心がすべて他人に向けられているため、自分に目を向ける余裕がないのだ。他人に興味を持つのは悪いことばかりではないが、他人にしか関心がないようでは困る。とくに、メイクアップ・アーティストのように顧客のコンディションや好みなどを観察して分析しなければならない職業であれば、まずは自分についての分析を済ませておく必要がある。自分が踏みしめている大地が安定していてこそ、周囲に目を向けることができるのだ。自分はどんな人間なのか、長所と短所は何なのかを知って初めて、顧客を把握して信頼を得ることができる。

自分を深く覗き込めば、他人のことも見えてくる

私は一卵性双生児として生まれた。しかし、10分早く誕生した姉とは生まれつきの性格が大きく違っていた。姉は典型的ないい子で、私はいつもブツブツ不平を言う気難しい子どもだった。幼い頃の写真を見ると、笑っているのは必ずと言っていいほど姉で、私はいつも顔をしかめている。

一卵性双生児なのになぜこれほど性格が違うのか、どうして姉がすんなり乗り越えていくことを私は難しく受け止めてしまうのか…。長い間、悩んだ末に私が下した結論は「感覚が敏感すぎるから」だった。感覚が鋭敏だから、少しでもごわごわした服は着られず、ちょっとした騒音にも耐えられないし、非対称や色味が合わないものを見ているだけでつらかったのだ。当時は敏感な子どもを気遣う時代ではなかった。大人たちの目には、私は気難しくて癇癪《かんしゃく》持ちでよく泣く、母を困らせる子どもでしかなかった。

そんな私が研ぎ澄まされた感覚を持つメイクアップ・アーティストとして、気難しい二人の娘を育てるママになった。

ある日、次女のラエルと飲み物を買うためにカフェに入った。バナナジュースがなかったので、オレンジジュースを買うと、ラエルがだだをこね始めた。

「ラエル、ママの話を聞いて。ラエルはバナナジュースが飲みたいのよね？　でも、バナナのジュースはないんだって。バナナとキウイ、リンゴが入ったジュースはあるけど、ミックスジュースは嫌いでしょ？　1種類の果物でつくったジュースはオレンジジュースとグレープフルーツジュースしかなかったから、オレンジジュースを買ってきたよ」

はたして3歳児に私の説明が通用するだろうかと思ったが、驚くべきことが起こった。話を聞いたラエルがだだをこねるのをやめて、素直にオレンジジュースに手を伸ばしたのだ。

3歳児にもちゃんと自分の嗜好がある。私は感覚が鋭敏な母親なので、ラエルがいろいろな味の混ざったミックスジュースを嫌う気持ちも、バナナジュースにこだわる気持ちも十分に理解できる。これは、自分をきちんと把握しているからこそ可能なことだ。もし私が自分の性格や好みを完全に理解できないまま、他の人々が言うとおりに自分を〝難しい性格の人〟とみなして生きていたとしたら、私にそっくりな気難しい娘にイライラしたかもしれない。幼い頃、自分が大人たちによく言われていたように「子どものくせに、どうしてこんなに食にうるさいの？　好き嫌いせずに食べてくれない？」と怒鳴り声を上げてしまったかもしれない。

自分自身を尊重し、自分に関する情報をきちんと整理できている人は、他人に共感して協力することができる。だから、私はいつも個人に注目している。〝私〟を理解せずして、〝私たち〟の話をすることはできない。家庭も地域社会も国家も、個人によってつくられるものだ。自分が今どんな感情を抱いているのか、その原因すらつかめていない人が、健全な家庭や寛容な地域社会をつくることはできないのではないだろうか。

私がスタッフ教育だけでなく、アカデミーの講義や各種メンタリング、講演の場で「私たちの視線は他人ではなく、常に自分に向かっていなければならない」と強調する理由もここにある。こういう話をしながら、私も改めて気持ちを引き締める。自分を覗き込むことは、他人を見て評価するよりも孤独で苦しいため、揺るぎない覚悟が求められる。自分の視線を他人ではなく自分自身に定めておくために、私がかなり昔から続けている方法が〝長所・短所ノートづくり〟だ。

自尊感情を高めてくれる「長所・短所ノート」

長所・短所ノートとは、その名のとおり自分の長所と短所を客観的に書き、短所を克服するための方法を書くものだ。

初めて書いたのは17歳のときだった。学校の授業が終わるとすぐにアルバイトに行かなければならず、友だちと遊ぶ時間も余力もない時期だった。そのうち自然と一人でいる時間を楽しむようになり、自分と向き合う機会も増えた。

当時、私にとって最大のテーマは「この貧しくてみすぼらしい生活から、どうすれば抜け出せるだろうか」だった。授業料すら払えない境遇の私が好きなことを見つけて勉強をするなんて、夢見ることさえ許されなかった。大人になってもこんな生き方を続けることになったらどうしようという焦燥感が私を急かした。このまま大人になるわけにはいかないという切実な思いで書きなぐるようになったのが長所・短所ノートだ。

ノートの真ん中に線を引き、左側に短所、右側に長所を書いた。結果は悲惨だった。短所が圧倒的に多く、長所は悩みに悩んでも2〜3個しか思いつかなかった。顔がほてった。自分の実体がこのノートの上に浮き彫りにされたような気分だった。

翌日、この長所・短所ノートは自分のものではなく他人のものだと仮定して、もう一度注意深く読み返してみた。「この人は朝にとても弱い。決定を下すまでに悩みすぎる。ちょっと大変だと感じたらすぐに諦める。断るのが下手だ。無気力。ナーバスすぎるし、人見知りがひどい。欲張りなくせに望むものを得るための努力はしない。怖がりだ。いつも他人と自分を比較して劣等感を持っている。人前で自信を持って披露できるような特技がない」

いくらひいき目に見ようとしても、このノートの持ち主に好感を抱くことはできなかった。親しくなりたいとも、仕事をまかせたいとも思わなかった。私はこんなにパッとしない人間だったのかと大いに失望した。

もちろん私にも長所はある。そのうちの一つは、絶望的なことが起こるたびに、幸いにも負けん気が芽生えるという点だ。「今の自分が冴えないなら、これから変わっていけばいいじゃない。すぐに実践できることから少しずつ直していけば、いつかは短所と長所が半々ぐらいの人にはなれるんじゃない？」。そう決心して一歩一歩、前に進んだ。今考えてみると、その年齢でどうしてそんなことができたのか不思議だ。置かれた状況があまりにも絶望的で、切実だったからだろうか。

私は自分を変えるべく、本当に熾烈な努力をした。そして、1カ月に1回長所・短所ノートを広げて、どんな短所が改善され、何がまだ変わっていないのかをチェックした。

他にも、長所・短所ノートが大きく役立った時期がある。高校卒業後、片っ端から色々なアルバイトをして、メイクアップ・アーティストの仕事を始めたばかりの頃だ。演劇映画科に通う友だちのつてを頼って仕事を広めた私にとって、一人の顧客、一度の機会はまさに命のように大切なものだった。しかし、顧客が私を大切にする理由はまったくなかった。

今でこそ私の話に耳を傾けてくれ、重要な人脈だと思ってくれる人が増えたが、当時の私は看板も後ろ盾もなく、やる気だけが旺盛な新人に過ぎなかった。そのため、予約した時間に2〜3時間遅れてくる顧客はもちろん、連絡もなく現れない「ノーショー」も多かった。とくに芸能人はひどかった。

そのたびに負けん気が生まれた。「いいわ、私が彼らにとって重要な人になればいいのよ。影響力のある人間になれば、誰も私との約束を破れなくなるはず」。こんな思いで長所・短所ノートを広げた。今の私に不足しているのは何か、どんな努力をするべきなのかを書き出していくと、新しいアイディアが自ずと浮かび上がってきた。

自分の長所と短所を客観的に見つめる作業は、自分に対する信頼を回復し、自尊感情を取り戻すプロセスでもあった。他人は私を軽視して、ないがしろにするかもしれないが、私だけは知っている。私は変化を続けていて、さらに成長していけるということを。

長所・短所ノートを書き、こうした希望を育んでいくことができなかったとしたら、私はすでにくじけてしまっていたかもしれない。

Chapter2

細く長い針で岩を貫く——続けるから夢は叶う

Quotation

最上の進歩はゆっくりと進行する。偉大な業績が突然生まれることはない。

——サミュエル・スマイルズ（作家、医師）

「私は今、成長しているかな？　少しずつでも、前よりいい人になれているかな？」

このことを確認するために、これまでに書いた長所・短所ノートをときどき広げてみる。幸い17歳の頃に願ったとおり、今の私は長所と短所が半々ぐらいの人間にはなれているようだ。最大の変化は、粘り強くなったという点だ。昔は根気がなくて簡単に諦めるタイプだったが、今は誰に何と言われようと最後までやり抜く、意志の強い人間になった。親しいヘアデザイナーにこんなことを言われたことがある。

「ジョン・センムル、きみは本当に恐ろしい人だ。すさまじいよ。きみがどんな人かっていうと…細くて長い針で大きな岩を突き続ける。最初は何の可能性もないのに、ある瞬間ふと見たら、その針で本当に岩を貫いてるんだ。本当にすごいよ」

その言葉どおり、私が得意とするのは「毎日着実に、執拗なほど誠実に続けること」だ。

メイクアップの仕事を始めた90年代初期、私より才能があって優秀な人はたくさんいた。しかし今でも現場に残っているのは私だけだ。

私は頭がよかったり才能にあふれていたりするわけではないので、諦めずに学び続けていこうと自分を励ましながら生きてきた。根気よく乗り越えられるはずだと自分を信じていたからこそ、留学やブランドのローンチ、フラッグシップストアのオープンなど、困難かつ無謀にすら見える挑戦を重ねていくことができた。

毎日着実に、執拗に、諦めない

何でも簡単に諦めていた私が〝根気の女王〟になったのは、困難に対して〝発想の転換〟をすることができたからだ。

誰かに「その仕事を成功させるのは難しいんじゃない？　大変だと思うよ」と言われたら、私は「どうして楽で簡単じゃなきゃいけないの？」と聞き返す。メイクアップも適当に済ませれば、そのぶん簡単に崩れてしまう。ベースをつくるとき、執拗なほど丁寧に何層も重ね塗りをすれば、メイクは長持ちする。

世の中のすべてのことは、これと同じだ。楽して前に進もうとすれば、それだけ簡単に崩れてしまう。誰も歩かない道を歩みたいなら、光り輝く大きな成就を目指すなら、簡単に手に入れようとするのではなく、挑戦と困難を楽しめるようにならなければならない。とくに、クリエーターやアーティストが簡単に何かを手に入れたいと願うのは恥ずべきことだ。

私が血のにじむような努力をして直した短所がもう一つある。私は人と関わることを恐れる子どもだった。先天的には人が好きな性格だったが、父の事業が失敗して家が貧しくなったことが大きな原因になったようだ。何の問題もなかった頃は笑顔だった人々が、事情が悪化したとたん態度を一変させて冷酷になるのを見て、人に接するのが怖くなり、苦痛になった。今でも私は人と接するのがつらいし、人見知りもひどい。もし私がファインアートのアーティストだったとしたら、こんな性格はそれほど大きな問題にはならなかっただろう。

ひょんなことから、性格診断テストの一種である〝バークマン診断〟というものを受けたことがある。社会性に乏しく、人と関わらずに仕事をすべき孤独なアーティストタイプだという結果が出た。しかし私はさまざまな顧客を相手にしなければならず、撮影現場で人にもまれ、数百人の前で講演までしなければならない。人見知りだからと言い訳することはできない職業だ。性格は直せないとしても、最低限、隠せるようにはならなければ。

そのためには準備を徹底するしかない。顧客と接するときは、事前にできるかぎり多くの情報を入手しておき、仕事をスムーズに進める方法を研究した。撮影や講演をするときは、どんなに突発的なことが起こっても慌てることのないよう、長い時間をかけて徹底的に準備をした。シチュエーション別に台本を用意して、一晩中、鏡を見ながら練習したこともある。こうした努力の甲斐があったのか、最近は「実は、ものすごく人見知りがひどいんです」と打ち明けても誰にも信じてもらえない。

もちろん、短所をすべて完璧に直すことができたわけではない。17歳で初めて長所・短所ノートを書いて以来、いまだに直っていない短所も少なくない。おまけに、以前はなかった新しい短所が見つかることさえある。しかし、私の長所は諦めることもなければ、楽な道を選ぶこともない人間だという点だ。「30年経っても直せないなら、永遠に直せないよ」「もう50歳近いんだから、気楽に生きればいいじゃない」と考えることはない。

今でも私は定期的に長所・短所ノートを広げて、自分がどんな人間なのかを見つめ直す。直すことのできない慢性的な短所は、毎晩反省して改善点を考える。「ここまでしているのに、どうして変わらないんだろう」と絶望感に襲われることも多いが、私は自分を信じている。私は細くて長い針で、大きな岩を貫く人だから。自分の長所を信じて、一歩一歩あえて険しい道を歩もうとする人だから。

デコボコした人生の道でバランスを取るには

高校時代、私は成績優秀な生徒ではなかった。勉強に専念できるような環境でもなかった。授業が終わるやいなやアルバイトに駆けつけなければならなかったし、ときには借金取りからの電話が鳴りやまず、家まで押しかけてくる日もあった。成績は二の次で、無事に卒業さえできればいいと思っていた。

それでも成績のいい友だちを羨ましく思う気持ちはあった。一家の大黒柱さながらに必死で生きても、どれだけ上手に絵を描いても、私に注目する教師はいなかった。勉強のできる生徒だけが先生に褒められて、かわいがられた。先生の目には、成績優秀な数人の生徒しか見えていないようだった。

30年以上も前の話だが、今も大きな違いはないのではないかと思う。基本的に学校生活とは成績によって序列がつけられるもので、生徒全員の個性が尊重されるわけではない。スポーツ万能だったり話上手だったり、誠実で心優しくても、勉強ができなければ注目されず、達成感も得られない。このように子どもたちは自尊心を高められないまま学校を卒業し、社会に出て、成人になる。

だからこそ、新社会人にはとくに長所・短所ノートをつくることをおすすめしたい。他の友だちと絶えず比較されながら学生時代を送ってきたのであれば、今こそ自分の心を深く覗いてみるべきだ。私はいつもアカデミーの受講生にこう話す。

「競争と比較は、周囲の人々とではなく、自分自身とするものです。周りの人々をライバル視しないようにしてください。競争をするにしても、ある程度の実力が伴わなければなりません。今は自分自身に打ち勝つことが先です」

自尊感情と競争力をむしばんでいくのは、ずば抜けて優れた他人ではなく、自分自身だ。何としてでも短所を直そうと決心して、少しずつ変化した姿を見せていけば、もっとも身近にいる人々の視線が変わるはずだ。あなたをよく知らない人々から称賛を受けることは重要ではない。まずは自分をもっともよく知る両親や兄弟姉妹、友だち、知人、すなわち〝身内〟から評価されてこそ本物だ。

こうした承認と肯定的な評価が必要なのは、学生時代に得られなかった自尊感情を取り戻すためだ。どの年齢層でも同じだが、なかでも20代は、自分の価値に意味を見出して、自信を身につけるだけで大きく変化できる時期だ。だからこそ、長所・短所をしっかり把握することによって、自分をポジティブに見つめるべきだ。そうすれば40〜50代を経て、人生100歳時代を駆け抜けるための、尽きることのない燃料を得ることができる。

この世でもっとも安定した図形は、三角形だという。脚が3本なら地面がどんなにデコボコしていても、すべての脚が地面に着くため、4本脚の場合よりも安定して立つことができる。だから、カメラを固定するときに使う三脚も、キャンプで料理をするときなどに使うトライポッドも、脚が4本ではなく3本だ。

私たちにも人生をしっかりと支える三脚が必要だ。前述のスクラップブック、人生ロードマップ、そして長所・短点ノートは人生を充実させる三つの核心的な要素であり、〝人生の三脚〟だ。この三脚を安定的に伸ばせば、どんなにデコボコした地面の上に立っていてもバランスを失うことがない。スクラップブックをつくって目指す人生を把握し、人生ロードマップによって夢見る人生への道のりを見積もることができる。

さらに、長所・短所ノートで現在地を客観的に分析することによって自分を変化させ、夢にまた一歩近づくための具体的な実践方法を模索することができる。

17歳の私がそうだったように、何かを切実に望んでいるのなら、本当に変わりたいのなら、この〝人生の三脚〟を長く伸ばしてみよう。人生の中でデコボコ道に出くわしたら、スクラップブックをつくって夢を集め、人生ロードマップに夢を刻み、長所・短所ノートで自分を変化させてバランスを取ってみよう。そのうちいつか、自分がより良い人になったことに、少なくとも短所と同じぐらい長所も持っている人になれたことに気づく日が来るだろう。これらはすべて、自分を信頼することから始まる。私は今日も私を信じる。

自分の長所・短所を把握する

私にはこんな長所がある。

1

2

3

4

5

私にはこんな短所があるが、改善するためにこんな努力をする。

1 ↓

2 ↓

3 ↓

4 ↓

5 ↓

Chapter2

笑顔でピンチを迎え入れたときに開くチャンスの扉

Quotation

まずは逆境を見つめる観点を変えてください。それは回避したり克服すべき障害物ではなく自我を目覚めさせて能力を培う、神からの贈り物です。

――エイミー・マリンズ（陸上選手、モデル）

私がメイクアップ・アーティストとして働き始めたのは1991年、22歳のときだった。当時のメイクアップ・アーティストは、芸能人に付き従って化粧直しをする人だった。よく言えばフリーランサーだが、激務なうえに薄給な職業だった。仕事の現場で3時間待ったこともあるし、フラフラになるまで働いたのに日当を踏み倒されたこともある。

それなりに状況がよくなったのは、女性デュオのCOCOと仕事をするようになってからだ。とくに、メンバーのユン・ヒョンスクと知り合えたことに感謝している。新人メイクアップ・アーティストの私にとって、彼女は頼もしいサポーターだった。当時、実質的な一家の大黒柱だった私を励ましてくれたのも、メイク材料を買えずにてんてこ舞いになっていたとき、所属事務所の代表から経費をもらって渡してくれたのも彼女だった。

そんな中、ミスコリア出身の女優イ・スンヨンのマネージャーから連絡が来た。当時イ・スンヨンはもっとも有望なライジングスターで、どんなアイテムでも身に着けたとたんに流行させるファッショニスタだった。私にとってこのチャンスはまたとない、空から降りてきた太いロープのようなものだった。

ひよっこアーティストに翼をつけてくれたスクラップブック

実際に会ったイ・スンヨンの顔だちは、画面で見る以上に理知的で西欧風だった。このように美しい顔をキャンバスにしてメイクアップをするというのは、アーティストにとってこのうえない幸運だ。彼女がドラマ『愛をあなたの胸に』を撮影する間、実に楽しくぴょんぴょん飛び回りながら仕事をした。

しかし、突然訪れた幸運は長続きしなかった。ドラマが終わると、私は失業者同然になった。イ・スンヨンが次のドラマ撮影まで休息期間をとると言ったからだ。1～2カ月が過ぎると、しだいに不安が芽生えてきた。一人で家族を養っていたため、1カ月でも収入がなければ立ち行かなくなる状況だった。

ドラマを1本やったからといって誰かがすぐに仕事をくれるわけでもなく、イ・スンヨンのマネージャーからの連絡を待つしかなかった。そんなとき偶然、ショープログラム『土曜日！　土曜日は楽しい』で見慣れた顔を発見した。イ・スンヨンだった。呆然としたが、すぐ正気に戻った。「あのメイクをしたのは誰？　私は知らないうちに切られたってこと？」

目の前が真っ暗になった。いったいなぜ解雇されたのか、気にする余裕すらなかった。私が働けなくなったら家族はどうなるのだろうという恐怖感に襲われた。自分の力量を出し切る前にチャンスが消えたことに虚しさを感じ、プライドも傷ついた。

もう引き下がれないという思いで清渓川《チョンゲチョン》古本屋通りに駆けつけ、中古の書籍と雑誌を買ってスクラップブックをつくり始めた。当時ライバルとされていた女優たちとイ・スンヨンを比較分析して、イ・スンヨンならではの魅力を引き立たせる戦略を提案する、プレゼン資料的なスタイルブックをつくったのだ。

気がつくと、私はＭＢＣ『土曜日！ 土曜日は楽しい』のメイクルームにいた。椅子に座ってがたがた震えながら、収録が終わるのを待った。心臓は今にも飛び出しそうなほど高鳴り、冷や汗が流れて、手足は氷の塊のように冷たかった。そんなふうに4時間ほど待った頃、収録を終えたイ・スンヨンがついにメイクルームに入ってきた。

「どうしてあなたがここに？」

彼女は驚いて私に尋ねた。その瞬間、喉が詰まって何も言えなくなった。なんとか頭を下げて挨拶し、にゅっとスクラップブックを差し出した。彼女はいぶかしげな表情でスクラップブックを受け取ると、そのままテーブルの上に置き、鏡の前で髪を整え始めた。

その数秒が数年のように感じられた。「もう逃げちゃおうかな？ いや、せっかくここまで来たんだから、もうちょっと耐えるべき？」

頭の中を数千、数万種類の思考が駆け巡っていた。そのとき、イ・スンヨンがテーブルの前に戻ってきて、スクラップブックを開いた。私の顔を見てスクラップブックをめくり、また私の顔を見てはスクラップブックをめくり…。そして彼女がいきなり椅子から立ち上がった。そして、私の肘をそっと叩いて言った。

「あなたって本当にすごい。いいわ、うちに来て」

その日から、私はイ・スンヨンの専属アーティストになった。

観察、徹底的な準備、人と違う戦略

それからはまさしく順風満帆な道を突き進んでいった。ドラマにおいても広告においても、イ・スンヨンのヘア、メイク、スタイルを全面的に担当した。やがて1995年のドラマ『蜘蛛』に出演したイ・スンヨンのメイクが爆発的な人気を集め、私の全盛期が訪れた。イ・スンヨンを真似てリップラインを描いた女性が街中にあふれかえり、私が使ったコスメは連日ソールドアウトを記録した。

仕事が波のように押し寄せてくるようになった。指名率ナンバーワンのアーティストになったのだ。

月収が470万ウォンにぐんと跳ね上がり、翌月には700万ウォン台に上がった。イ・スンヨンの紹介で当代最高の女優だったキム・ヒソンやコ・ソヨン、キム・ジホと仕事をするようになった。イ・スンヨンは自分のスタッフも最高の待遇を受けるべきだと考える人だ。私を誰かに紹介するたびに「ジョン・センムルは本当にメイクが上手だから、最高レベルの待遇をしてほしい」と言い添えた。

インタビューの依頼も殺到した。メイクアップ・アーティストとしてマスコミの注目を浴びたのは私が初めてだった。記者たちは、私の名前の前に〝スターメイクアップ・アーティスト〟という枕詞をつけた。「あなたはクビよ」という一言すら聞けず、知らないうちに失業者になった私に2年後、どうしてこんな奇跡のようなことが起こったのだろう？　それは格別な努力と大胆な挑戦がもたらした贈り物だった。


まず、私の存在価値を証明できるのは私だけだという切迫感から、常に徹底的な準備と研究をした。イ・スンヨンとドラマ『愛をあなたの胸に』の撮影に入ったとき、私は経歴も実力も足りないひよっこアーティストだった。スクラップブックを持参してイ・スンヨンの元を訪ね、再び働き口をつかむことには成功したが、実力を培って自分の価値を証明しなかったとしたら、その後も幸運の女神が私に微笑み続けたかどうかは分からない。

私はどんな仕事においてもコンセプト段階から徹底した調査をして研究を重ね、スクラップブックをつくった。どうすれば俳優の魅力を自然に引き立たせることができるか、撮影現場でも研究に研究を重ねた。パウダーにしてもリップスティックにしても、考えなしに使うことは決してなかった。さまざまな製品をミックスして調色し、俳優にもっとも似合う色をつくり出した。

次に、他のメイクアップ・アーティストを観察し、彼らとは真逆の戦略を立てた。当時、他の俳優のスタイリストやヘアデザイナー、メイクアップ・アーティストはたいてい濃いメイクをして危なっかしいスティレットヒールを履き、芸能人さながらだった。

自分のセンスを見せつけようという戦略だったとは思うが、私の考えは違っていた。輝くのは私ではなく、私がスタイリングをする俳優だ。それに、そんな格好では予想外のハプニングが頻発する撮影現場で機敏な対応をすることはできない。

私はいつも化粧っ気のない顔にスニーカーとジーンズ、トレーナーやTシャツ姿で現場に向かった。軽やかで機敏に見せつつ、すっきり端正な印象を与えることも忘れなかった。

当時、私はメイクアップだけではなくヘアとスタイリングの一人三役をこなしていたので、イ・スンヨンと一緒にほとんど撮影現場で暮らしているようなものだった。彼女が撮影を終えた後も、翌日の準備のために飛び回らなければならず、優雅におしゃれをする暇などなかった。

撮影現場は時間に追われていて、常に人手が不足していた。他のメイクアップ・アーティストたちは自分のやるべき仕事をすれば終わりといった様子で腕組みをして座っていたが、私は違った。自分の担当俳優がスムーズに撮影をこなすために役立つならば、どんなことであろうと駆けつけて手伝った。今考えてみると、一人三役ではなく五役も六役もこなしていた気がする。

ドラマ撮影も結局は人の手によって行われる。そのため、自分の専門外の仕事は知ったことではないという人よりは、私のようにあちこち駆け回って手伝おうとする人のほうが好まれた。いつしか私は撮影現場に〝いると助かる人〟を超えて〝絶対にいなければならない人〟になっていた。

逆境は障害物ではなく、まだ順応できていないチャンスだ

私はピンチを成長の機会だと考えた。これがまさに、私がスターメイクアップ・アーティストになることができた三つ目の理由であり、私にとってもっとも重要な心がけだ。

数百人の聴衆の前で講演をし、テレビに出演することもあるが、私はもともと内気で引っ込み思案な性格だ。それでもスクラップブックをつくってイ・スンヨンの元に駆けつける勇気を出せたのは、自分が重大な分かれ道の前に立っていることを直感したからだ。

閉じられた扉を前に座り込んでしまうのか、また別の扉を探してノックをするのか。あのとき、ピンチを成長の機会に変えられなかったとしたら、今日のジョン・センムルはいなかったかもしれない。

そんな経験のせいだろうか。私は逆境を新たなチャンスに変えた人々を敬愛する。エイミー・マリンズもその一人だ。両足の骨の一部がない先天性脛骨欠損症をもって生まれたエイ

ミーは、義足を履いてモデル兼、映画女優として精力的に活動している。１９９６年にはアトランタのパラリンピックにアメリカ代表として出場し、陸上競技１００メートルと走り幅跳びで世界新記録を更新した。

彼女が生まれたとき、医師は「この子は歩くことも運動することもできず、他人の助けなしには生きることもできないでしょう」と断言した。しかし、エイミーの祖母は彼女にこう言った。「エイミー、洪水になったら手を高く上げなさい。そして、頭の上にある何かを全力でつかむのよ」

エイミーは祖母の言葉を忘れず、いつも新たなチャンスをつかみながら生きた。医師の診断を覆すがごとく、義足をはめた足でアメリカ代表としてトラックの上を走り、世界的なモデルとなってランウェイを歩いた。

エイミー・マリンズはＴＥＤ講演『逆境から生まれる機会』で印象的な話を聞かせてくれる。逆境の克服について自分と語りたがる人が多いが、彼女はその言葉に違和感を抱いてきたという。彼女にとって逆境とは、克服したり回避したりしなければならない障害物ではなく、向き合ってぶつからなければならない人生の一部であり、影だからだ。彼女はこう言った。「逆境とは、私たちがまだ順応できていない変化に過ぎません。逆境を克服しようとするのではなく、心の扉を開き、歓迎して、一緒に踊るように楽しんでください」

『土曜日！　土曜日は楽しい』に出演したイ・スンヨンを見たとき、狼狽や当惑だけを感じたわけではない。おかしなことだと思われるかもしれないが、一方では「よかった」と思っている私がいた。エイミー・マリンズの言葉どおり、私はその危機に向き合い、歓迎した。何も考えず、状況に流されるまま、仕事がなくならないことだけを望んでいた過去の自分と永遠に決別するチャンス、古ぼけた扉の前を離れて、いよいよ新たな扉を開くチャンス、私がもう一段階発展するチャンスがやってきたことを感じたからだ。

鍛錬を経ずして、名剣が生まれることはない。だとしたら、名剣にとって鍛錬は逆境だろうか、チャンスだろうか。私は貧しくて、高校生の頃から働かなければならなかった。行きたかった美大に通う代わりに、重いメイクアップバッグを引きずって、全国津々浦々の撮影現場を駆け回り、家族を養わなければならなかった。しかし、振り返れば、私に起こったこれらのすべての出来事は、逆境ではなくチャンスだった。今日私が享受している、この貴重で大切な人生を組み立てるチャンス。

誰にでも逆境は訪れる。そして、逆境をどのように受け入れるかによって人生は変わる。逆境と戦って勝とうとすると、挫折したり、傷ついたりすることがある。だから、喜ばしいものとして受け入れ、楽しみながら踊ろう。そうすれば、次の舞曲では、逆境ではなくチャンスの手を取って踊っている自分を発見できるはずだ。

Chapter 3

自己肯定感を高める

人生ロードマップで近道を探す方法

Chapter3

自分を信じた瞬間、夢は確信に変わる

Quotation

もっとも大きなリスクはリスクを取らないことである。
——マーク・ザッカーバーグ（フェイスブックCEO）

「留学？　冗談でしょ。こんな状況で留学に行けると思う？」

「冗談なんかじゃないよ。僕が見たところ、行けない理由は見当たらないけど？」

夫に留学を提案されたとき、私はてっきり冗談かと思った。２００６年、キャリアのピークを迎えた時期だ。早朝から深夜までメイクの予約がぎっしり入り、その合間を縫ってＣＦとドラマの仕事をこなした。週末はブライダルメイクの予約が多く、平日以上に忙しい。最後の顧客を見送るとようやく水を一杯飲んで一息つける、それこそ体がいくつあっても足りない毎日だった。こんな状況で留学に行くなんて、とんでもない話だ。

ただ、夫が私に留学を薦めたのにはそれなりの理由があった。当時の私は健康状態が思わしくなかった。ブラシを持つたびに腕がちぎれそうなほど痛み、脊椎側湾症がどんどん悪化していた。首筋の皮膚がこわばっているなと思っていたら、こぶのようにせり出してきた。10年以上、同じ筋肉を使い続けたことによる職業病だった。

もっとも深刻だったのは、頻繁に起こる半身麻痺だ。左の手足が動かせなくなり、夜更けに救急車で運ばれたことが何度もあった。仕事を減らして休むのがベストだったが、目の前に山積みになった仕事を放り出すことはできなかった。

20年遠回りして、つかんだチャンス

そんな折、海外出張が入った。フランスのプロヴァンスでソン・ヘギョとイニスフリー〔韓国のメイクアップブランド〕の広告を撮影し、すぐさまサンフランシスコに飛んで、チョン・ジヒョン、イ・ヒョリと共にエニーコール〔サムスンの携帯端末〕の広告を撮影するという日程だ。

殺人的なスケジュールを終えた翌朝、どうしても目を開けることができなかった。10年以上酷使してきた体が、もう動けないと悲鳴を上げている。ずっしりと重いまぶたをやっとのことで持ち上げて、夫に電話をかけた。飛行機に乗る気力も残っていないから、ここで3日だけ休んでいく、と。夫は快くそうしろと言った。何も心配せずゆっくり休んで、充電して来いという言葉も添えてくれた。その言葉は魔法の呪文だったのかもしれない。私は電話を切るやいなや、どっぷりと深い眠りに落ちていった。

丸一日寝て、目を覚ました。甘く深い眠りのおかげで、久々に体が羽毛のように軽かった。携帯電話をチェックすると、プロヴァンスで一緒に仕事をしたフォトグラファーから何通もメッセージが届いていた。そのときになってやっと、彼の紹介で人に会う約束をしていたことを思い出した。

彼はサンフランシスコのアカデミー・オブ・アート大学（ＡＡＵ）出身で、私の次の撮影地がサンフランシスコだと知ると、ＡＡＵで教授を務める韓国人夫妻に会ってみるといいと言って連絡先を教えてくれた。しかし、私はホテルの部屋で眠りこけていて夫妻に連絡を入れることができなかったので、ひょっとして何かトラブルが起こったのではないかと心配してメッセージを送ってくれたのだった。

我に返ってホテルを出た。サンフランシスコのどのストリートも、私にとっては天国のようだった。大規模な展示会が開催される大型美術館、新進作家の作品を紹介するこぢんまりとしたギャラリーなど、多様な芸術空間が存在し、アマチュア画家が絵を売る小さなマーケットもあった。

どこを歩いていても、すぐにストリートアーティストを見つけることができた。とくにグラフィティアーティストたちの躍動的な姿が印象的だった。壁いっぱいにいきいきと描かれたグラフィティアートを見て、私は本当にサンフランシスコにいるのだと実感した。商店の看板ひとつとっても芸術的な感性がうかがえた。ここではアートが近づきがたい高尚な文化ではなく、日常に過ぎないのだ。目に触れるすべての場所にアートがあった。

街中いたるところでＡＡＵのロゴが目に入る。大学の施設がサンフランシスコのあちこちに散らばっていて、都市全体がキャンパスだと言っても過言ではない。フォトグラファーに紹介された教授夫妻に会ってＡＡＵのキャンパスを見学する間、私の胸はどくどくと高鳴った。ずっと胸にしまっていたファインアートへの熱望が再びうごめくのを感じた。ここで数年、いや、1年だけでも勉強できたら、どんなにいいだろう。キャンパスを駆け回り、絵を描く自分の姿を想像するだけで胸が熱くなり、幸せな気分になった。

調子がいいときはスランプも近い

サンフランシスコで夢のように甘い3日間を過ごしてソウルに戻ると、夫は私の顔をしばらくじっと見つめた。繊細で観察力に優れた人なので、変化に気づかないはずがなかった。

「どうしてこんなに変わったの？　別人みたいだ」

よれよれで出国した私が数日後、完全に別人になって帰ってきたと言う。私はサンフランシスコでの出来事を大はしゃぎで夫に聞かせた。芸術的なストリートやAAUを訪れて感じたときめき、いつかAAUで勉強したいという願いまで…。私の話を静かに聞いていた夫は突然言った。

「だったら今、行くといい」

最初は冗談かと思ったが、夫の顔は真剣だった。あとで聞いたことだが、その瞬間、夫は「あぁ、今こそがそのときだ」と思ったという。結婚当初から、夫は事業が軌道に乗ってきたら留学に行ってこいと言うことがときどきあった。以前、延世大学の教務課に勤務する方と名刺交換をしたとき、夫の〝ジョン・センムル・ビューティー代表理事〟という肩書を見た相手から「あっ、ジョン・センムルさんは高校生の頃、延世大学でアルバイトをしていたそうですね？」と言われたらしい。

「当時のジョン・センムルさんのことを覚えている人が多くて、みなさん褒めていましたよ。とても賢くて働き者の学生だった、って。将来きっと大成するだろうなと思っていたそうです」

この言葉を聞いた夫は、頭を下げて感謝の気持ちを伝えたが、内心では胸が張り裂けそうだったという。幼い私が働き者だと褒められるなんて、この広いキャンパスの中をどれほど駆けずり回ったのだろうか、大学生のことがどんなに羨ましかっただろうか。そう思うと、心が痛んだそうだ。こうした理由から、夫はＡＡＵで勉強したいという私の話を聞き流さず、ついに時が訪れたと考えたらしい。

「ショップもアカデミーも、自分がいないと回らないと思ってるだろう？　心配いらないよ。弟子たちがしっかり空席を埋めてくれる。これまで僕たちはシステムをしっかりつくり上げてきたじゃないか。君がいなくても十分にちゃんと回せるよ。だから、勉強したいなら行ってくるといい。今がチャンスだ」

最初は留学なんてありえないと思ったが、夫の話を聞いているうちに不可能なことではないような気がしてきた。

考えてみれば、当時は私の全盛期であると同時に、スランプの時期でもあった。多くの人々が私と仕事をしたがり、私自身も楽しく幸せに働いていたが、一方では心の中の何かが徐々に枯渇していくような気分が消えなかった。自分の発言の影響力が大きくなるにつれて不安になり、怖さを感じた。

私はアーティストとして、芸術的な鋭い感覚を維持して生きていきたいのに、「先生」「オーナー」と呼ばれることに慣れきって安住してしまったらどうしよう。いつか私の感覚が鈍ったとき、誰もその事実を指摘してくれなかったらどうしよう。そう考えると怖かった。このまま月に1日すら休めない強行スケジュールを続ければ、健康はもちろんのこと、アーティストとしてのアイデンティティにも支障をきたしかねない。

「夫の言うとおり、今がチャンスかもしれない。いつか、いつかと言いながら、ずっと先延ばしにしていたら機会を逃してしまう」

夫の励ましに勇気づけられた私は、ついに長年の夢に向かって第一歩を踏み出すことにした。私が決心したとたん、行動派の夫がすぐさま準備に突入した。ニューヨークに住む夫の知人に協力してもらい、サンフランシスコのかなり大きな一軒家を手に入れた。

留学期間中に日本の化粧品会社と提携して新たなブランドをつくる計画があったため、単なる住まいではなく、事業と研究に適した空間が必要だった。現地生活や英語の勉強をサポートしてくれるアシスタントも雇った。

留学を決心してから準備を終えるまでにかかった時間はたったの20日間。しかし、画家を夢見た瞬間から第一歩を踏み出すまでには20年かかった。人生ロードマップに書いた〝画家〟という二文字がついに私の新たな歴史になろうとしていた。長い遠回りの末、ついに道を見つけた。いや、自分の道に戻ったと言ったほうが正しい。そんなふうにして、37歳の私はサンフランシスコへと飛び立った。

Chapter3

挑戦するたびに人生のシーンは新しくなる

Quotation

どんなことであれ初めは危険だが、何事も始めなければ何も始まらない。
――フリードリヒ・ニーチェ（哲学者）

夢にまで見た留学生活が始まった。サンフランシスコで過ごす時間のすべてが新鮮で刺激的だった。視覚芸術を表現するためにどれほど多くの道具と材料が使われるのか、どれほど自由な想像力が動員されるのか、しっかりと学び、感じて、悟った。

晩学の留学生だけに心配も大きかったが、私は予想よりはるかにうまくやり遂げた。いざファインアートを勉強してみると、メイクアップとの違いは平面に描くか立体に描くかという程度だった。顔という立体的なキャンバスに慣れた私にとって、平面キャンバスでの作業は難しいことではなかった。

1、2年生の基礎科目の中に、巨匠の絵を模写する「マスターコピー」の授業がある。中高生の頃、暇さえあれば母の本棚にある画集を見ながら模写をしていた私は、マスターコピーの授業を先取りしていたというわけだ。この経験があったおかげか、すんなり授業についていくことができた。教わったとおり忠実に描いただけなのに、天才だと言われた。教授は、ファインアートを学ぶのは初めてだという私の言葉を信じられない様子だった。

次のチャンスはないから、1分1秒に集中する

最初の学期、スプリングショー〔学外展覧会〕にアメリカの飛行士チャールズ・リンドバーグを描いた木炭画を出品して賞をもらった。奨学生の選抜基準が難しいことで有名なAAUで、奨学金をもらうこともできた。

実技だけでなく、理論の授業にもそれなりにきちんとついていき、解剖学の授業ではトップの成績を取った。顔の骨格と筋肉の解剖学的原理は、メイクアップを通して体得した事実と一致する部分が多く、とても興味深かった。

三つ子の魂百までという言葉があるが、留学先でも韓国と同じようにエネルギッシュに生きた。単位は足りていたので、受けたい講義を探してすべて聴いた。メイクアップに関連するものや日ごろから興味を持っていた分野であれば、単位が認定されない授業でもかまわなかった。絵を描くために夜を明かす日も多かった。1分1秒が惜しくて大切だった。ここで学び、経験することを一つとしていい加減に扱ったり、取りこぼしたりしたくなかった。

夫はそんな私を見て、受験生のようだとからかった。私が留学先で高3の受験生より熱心に勉強した理由は、その機会がどれほど大切なのかをよく知っていたからだ。

20代で留学していたとしたら、その価値がよく分からなかったことだろう。若い頃は次のチャンスは常にあると勘違いしがちだ。こうした根拠のない楽観的思考は若さの特権だが、落と

し穴でもある。一方、若くない年齢で、20年間夢見てきた勉強をするために仕事と家族を置いて留学をした私にとっては、すべての瞬間があまりにも尊かった。

最初はキャリアが途切れるのではないかと不安だったが、夫とスタッフが頑張ってくれたおかげで、そうはならなかった。私が不在の間も新店舗のオープン、ビューティーウェブマガジンの創刊など、事業は着実に拡張されていった。

ＡＡＵは学生の現場実習を積極的に推奨しているので、仕事のために授業を受けることができなくても、書類さえ提出すれば出席と認めてくれる。おかげで留学中もニューヨークやスペインなどどこにでも駆けつけて、やりたい仕事をすることができた。ＢｏＡの６thアルバム『Hurricane Venus』のジャケットも留学中にニューヨークに飛んで手がけた仕事だ。ステンシルやシルクスクリーンといったファインアートの技法を初めてメイクに取り入れた、とても意義深い仕事だった。

そんなふうにサンフランシスコで4年と6カ月、長いと言えば長く、短いと言えば短い時間を過ごし、私は元の場所に戻った。

それまでは、仕事の電話が一日に数十本かかってくる留学直前の時期が自分のキャリアの全盛期だと思っていた。しかし、留学を終えた私ははっきりと悟った。これから私が手がける仕事は決して以前と同じではなく、真の全盛期はこれからやってくるのだということを。

新しい経験で、より広く深い世界を発見する

メイクアップ・アーティストの仕事には、〝感性〟と〝インスピレーション〟という言葉でしか表現しようのない部分がある。私はそこに不都合を感じることが多かった。この色はなぜあの色と合わないのか、この人にはなぜこのアイラインが似合うのか、この顔型にはなぜここに陰影をつけなければならないのか…。直観的には分かるのに、はっきりと説明できないことがもどかしかった。しかし、ファインアートを学んだことによって、こうした歯がゆさが消えた。何かを美しく感じる理由を、論理的に説明できるようになったからだ。

留学後、私はファインアートの理論的な背景をベースに「KEY7（キーセブン）」というメイクアップの法則をつくった。長年培ってきた私だけのノウハウにファインアートの理論を組み合わせたもので、どんなトレンドが流行しても応用が可能なメイクの基本公式だ。

たとえば、一つ目の公式である「THIN & THICK」は、絵画の重ね塗りにおいて厚い部分は飛び出しているように見え、そうではない部分は奥まって見えるという効果に目をつけた法則だ。肌が厚い部分、すなわち頬骨からあごに繋がるVラインにはベースアイテムを重ね塗りして、目と口の周り、額、鼻、頬の外側には薄く塗るか、まったく塗らない。そうすると陰影の差が際立ち、顔がより立体的に見える。

カラーやアイテムの選択が大胆になったというのも、ファインアートを学んだことによる変

化だ。メイクアップ製品に限らず、藁《わら》から宝石に至るまで多様な材料に目を向けるようになり、ステンシルやシルクスクリーンなどの技法をメイクに応用した。また、メイクの対象となる顔だけでなく、上半身全体、つまりヘアやファッションも併せて考慮するようになった。

私は大学が長期休暇に入るたびに帰国して講義を行った。新しい環境で経験した新鮮なインスピレーションを一刻も早く弟子たちとシェアしたかったからだ。ファインアートをどんなふうにメイクアップアートと結びつけられるか、それを実際の現場でどう活用するかなど、自分だけの理論を具体化していくうえで講義は大きく役立った。こうした経験を基に、私のメイクアップ理論と哲学を再確立して集大成したものが「ジョン・センムル・アート&アカデミー」のカリキュラムだ。

このカリキュラムはメイクのテクニックを教えるためのものではない。ファインアートの理論で基礎をしっかり固め、アーティストとしてのアイデンティティを確立することが目的だ。こうしたステップを踏むことで、人を尊重し、クリエイティブでインスピレーションにあふれたアーティストになることができる。

国際的な舞台に向けた止まらない挑戦

留学によるもう一つの収穫は、英語に慣れたということだ。留学したての頃、私の英語力はESL〔English as a second language：外国語で英語を学ぶ学生のための教育課程〕の初級レベルだった。

専攻の特性上、授業が言語に大きく依存しないのは幸いだった。まるで受験生のように講義内容を録音して繰り返し聞き、アシスタントのサポートを受けながら必死で英語を身につけていった。4年以上、英語環境で過ごすと、ほとんどのコミュニケーションが可能になった。このとき身についた英語力は、メイクアップ・アーティストとして国際舞台へと羽ばたけるように私を後押ししてくれた。

多くの職業がそうだが、メイクアップアートも英語に長けていれば活動範囲が広がるものだ。とくに最近のように、Kビューティーへの関心と需要が国際的に高まっている時期であればなおさらだ。数年前にはエスティ ローダーグループのブランドであるクリニークのアジア代表に選ばれ、北米、フランス、中国、シンガポール、タイなどに渡って、Kビューティーとメイクアップ理論について英語で講演をした。

もし講演中に言葉に詰まったりするようなことがあれば、隣にいるインターナショナル・マネージャーに助けてもらえばいいと思い、気負わず講壇に上がった。ところが講演を終えると、マネージャーが目を丸くして「お手伝いする必要はまったくありませんね？」と言った。その日、講演を聞いたアーティストたちの反応も上々だった。気持ちだけが先走って、文法はめちゃくちゃだったと思うが、それでも私の真心は伝わったようだ。

Chapter3

自分の限界を決める人は自分しかいない

Quotation

強靭な人の目には荒野の中でも未来の家と農場が見える。
――ラルフ・ウォルドー・エマソン（思想家、詩人）

留学後のもっとも大きな変化は事業拡張だった。

２０１１年に「LG生活健康」と共にメイクアップブランド「ミュール（MULE）」をローンチし、5年後には私の名前を掲げたブランド「ジョン・センムル・ビューティー」をリリースした。

私のブランドの特徴は、ファインアートの理論とKビューティー・トレンドの融合だ。たとえば、「スターシーラー」や「クッションシーラー」といったジョン・センムル・ビューティーの看板商品であるファンデーションにはパレットが内蔵されている。メイクアップのときもファインアートと同じようにパレットを使えば、色を簡単かつ自然に組み合わせることができるからだ。

固有の哲学とアイディアを盛り込んだジョン・センムル・ビューティーの製品は、韓国内はもちろん海外からも高い関心を集め、愛されている。

「不可能なことはない」という自信は、留学がくれた

2017年にはカロスキル〔ソウル市江南区新沙洞〕にフラッグシップストア「ジョン・センムル・プロップス」をオープンした。ジョン・センムルブランドの全商品を実際に試して購入できると同時に、アーティストの多様な芸術作品を鑑賞できる空間として運営されている。このアイディアもまた、ファインアートを学んでいなければ思いつかなかったかもしれない。

同年9月には、第5回大韓民国ブランド大賞でブランド・リーダーシップ部門の最優秀賞を受賞した。「ジョン・センムル・インスピレーション」「ジョン・センムル・アート&アカデミー」「ジョン・センムル・ビューティー」が最適なシナジー効果を生んだブランディング成功事例として評価されたのである。

ジョン・センムル・インスピレーションはヘア、メイクアップ、ネイルアート、スキンケアなどのサービスをワンストップで提供するトータルビューティーサロンだ。ジョン・センムル・アート&アカデミーでは毎年200〜300人に及ぶメイクアップ・アーティストを育成し、ジョン・センムル・ビューティーではメイクアップ製品を製作・流通している。

このように、実務と教育、商品開発が嚙み合って、歯車のように回るトライアングル構造が我が社ならではの特徴であり、競争力だ。

最初からこうしたトライアングル構造を想定していたわけではない。留学後にアカデミーの

カリキュラムを整え、ジョン・センムル・ビューティーをローンチする中でこうした構造が自然と生まれた。

しかし、留学によるもっとも大きな収穫はまた別のところにあった。晩学にして、つたない英語力で海外に渡り、4年6カ月を過ごしたことによって、この世に不可能なことはないという自信が芽生えたのだ。この自信は、その後の私の決定のすべてに大きな影響を及ぼした。MBC『マイ・リトル・テレビジョン』〔韓国の人気番組〕の出演オファーが来たときは、バラエティ番組の経験が少なかったので迷ったが、最終的には挑戦を決意した。「英語を一言も話せないのにサンフランシスコで4年6カ月も勉強したんだから、バラエティ番組に出演するぐらいどうってことない」という気がしたのだ。収録は思っていたより大変だったが、やはり留学に比べれば難しい挑戦ではなかった。

私が留学をした表向きの理由は、メイクアップ理論を確立して、自分の名前を冠した化粧品ブランドをつくるための専門性を身につけるというものだった。でも実際は「とにかく行きたい」という気持ちが大きかった。留学したいという思いが、アメリカに発つべき理由をつくったと見たほうが正しいだろう。サンフランシスコにいる間、私はひたすら絵を描くことに没頭した。そんな日々の中で、学んだことはすべてメイクアップアートのインスピレーションに発展させていった。

帰国すると、私は予想だにしないポジションに立っていた。全世界が私のメイクアップ哲学と理論に耳を傾け、Ｋビューティーを先導するメイクアップ・アーティストとして認めてくれた。留学前は〝ジョン・センムル〟という文字がグローバル市場で通用するようになるなんて、想像すらできなかった。ただ人生ロードマップに描いた長年の夢を実現しただけなのに、この挑戦が思いもよらない新たな可能性を開いてくれたのだ。

挑戦することで、成長する自分を楽しみにできる

留学という容易ではないことに挑戦できた一つ目の理由は、「自分の限界を決められるのは自分だけだ」という考えを持っていたからだ。

なんとなく無気力なときにいつも見る動画がある。スイスのマラソンランナー、ガブリエラ・アンデルセンの競技映像だ。１９８４年に開催されたロサンゼルスオリンピック女子マラソンは、ガブリエラにとって格別の意味があった。女子マラソンがオリンピックの公式競技となった初の大会であり、当時39歳だった彼女としては絶対に完走したかったのだろう。他の女子マラソン大会で二度の優勝経験があったため、不可能な目標ではなかった。

しかし競技の中盤で彼女は体調不良に見舞われ、走り続けることが困難になった。それでも彼女は走った。走り続けた。観客はこのままでは大変なことになると大騒ぎし、医療スタッフが駆け寄ろうとしたが、彼女は必死で助けを拒んだ。オリンピックの規定上、誰かが身体に手を触れてサポートすれば失格となってしまう。「私を助けないで。このまま走らせて」。全身で

助けを拒んだ彼女は、ふらついて倒れそうになりながらも前へ前へと進み、ついに完走した。私はこの動画を涙なしに見ることができない。

私が留学について悩んでいたとき、たくさんの人に心配された。「あなたがいなかったら、事業はどうなるわけ？」「お金にもならないファインアートなんか勉強して何になるの？」「その歳で新しいことを始めて苦労することないのに」「あなたがいなくなったら、芸能人のお客さんはみんな来なくなるだろうけど大丈夫？」「留学なんてしなくても安定した暮らしができているんだから、わざわざ行くことないじゃない」、さらには「一人残される旦那さんがかわいそうだとは思わないの？」とまで言われた。

心配してくれる気持ちは分かるが、しだいに負けん気が出てきた。どうして私の限界をあなたたちが勝手に決めるわけ？ ガブリエラのように、私も彼らに向かって全身で言いたかった。「私にかまわないで。私の限界は私に決めさせて」

そこで私は、自分にネガティブな影響を及ぼす人との連絡をすべて絶った。留学に挑戦できた二つ目の理由だ。私を苦しめる人々と無理して付き合い続ける理由が見つからなかった。他人の顔色をうかがうより、自分の内面の声に耳を傾けたほうがずっと建設的だと思えた。

その代わり、ポジティブなエネルギーをくれて応援してくれる人々との距離をさらに縮めた。挑戦を可能にした三つ目の理由だ。夫をはじめとして、多くの友だちが留学を決めた私を祝ってくれた。帰ってくる日までどこにも行かずに待っているよという言葉も嬉しかったが、涙が出そうなほど感動的だった言葉は別にある。

「あなたが留学によってどれぐらい成長するのか、すごく楽しみだよ」

留学生活にめげてつらいとき、疲れたとき、誰かに言われたように「留学なんかして無駄な苦労をしているのかも」という気持ちになったとき、この一言を思い出すと気力が湧いた。誰かが私のためだけにつくってくれた温かいご飯を食べたかのように励まされた。

挑戦が困難であればあるほど、こんなチアリーダーのような人々がそばにいなければならない。どんなにタフで意志が強くても、一人では大変だ。私を信じてくれる彼らがいてくれたおかげで、留学という挑戦を無事に終えて、キャリアの大転換期を迎えることができた。

だから私も挑戦するあなたを応援する。私はあなたが新しい挑戦によってどれぐらい成長するのか、とても楽しみだ。

Chapter3

自己肯定感は ささいなことによって完成する

Quotation

**ささいなことが私たちの慰めになる。
ささいなことが私たちを苦しめるからだ。**

――パスカル（数学者、哲学者）

知人のAが体調不良で病院に行ったところ、医師が診療中に平然とおならをして、謝りもしなかったという。その話を聞いて知人Bは大笑いした。

「おなかの調子がよっぽど悪かったのね。患者の前でそんな失敗をするなんて。恥ずかしいから、お茶を濁そうとしたのよ」

しかし、Aは笑わなかった。

「笑いごとじゃないでしょ？　目の前でおならをするなんて、私を馬鹿にしすぎじゃない？　しかも謝罪の言葉一つないなんてありえない。その場ですぐ文句を言えばよかった。考えれば考えるほどムカついてくる」

家路につきながらじっくり考えてみると、AとBの反応は2人の心理状態をそっくり反映しているように思えた。Bはその出来事を単に〝医師の問題〟だと考えたが、Aは〝自分の問題〟として受け止めた。自分が軽く見られているせいでそんな目に遭ったと考えたのだ。他人事だからBが大らかな反応をしたようには思えない。Bはいつも他人に共感し、相手も自分に対してそうするだろうと信じている人だ。一方、Aは日頃から「私を馬鹿にしてる」という言葉をよく使う。

他人に認めてもらえなくても、自己肯定感は上げられる

『自尊感の授業』(未邦訳)の著者である精神科医のユン・ホンギュンは、日刊紙「ハンギョレ」のインタビューで、健全な自尊心を持つ人は言動が大らかだと語った。他人が自分を害するかもしれないとは考えないため、不快なことが起こっても相手を疑わず、寛容に接するのだ。一方、自己肯定感が低い人は疑心暗鬼に陥りがちで怒りっぽく、何事もネガティブにとらえる傾向があるという。

数年前から〝自己肯定感ブーム〟といえるほど、多くの人々が〝自己肯定感〟という言葉を口にするようになっている。自分の心を深く覗き、幸せの条件を多様な角度から見ようとする人が増えたということだろう。一方では、自分を傷つけないように守るのが難しい時代だという事実が反映されているようだ。

私の周りにも自己肯定感が低くて悩んでいるという若者が多い。20~30代は何かを手にするにも成し遂げるにもまだ早い年齢なので、自分が人より劣っていると感じることもあるかもしれない。若くて裕福な芸能人やセレブのSNSを見ると、なおさらそんな気がしてくる。しかし、自分には何もないと他人を羨んだからと言って、必ずしも自己肯定感が低いわけではない。

問題は、大きなことを成し遂げてこそ、他の人々に認められてこそ、自己肯定感が満たされると錯覚してしまうことだ。「誰にも気づかれず、認めてもらえないのに、一人で自分を愛して価値があると考えたって何も変わらない」と言う人もいる。しかし、これは間違った考えだ。他人に認めてもらえなくても、大きなことを成し遂げなくても、自らを価値のある立派な人間だと考えれば、明らかに変わるものがある。私こそがその証人だ。

父が事業をしていたため、我が家は経済的に浮き沈みが激しく、私が中学生になる頃には再起不能な状況に陥ってしまった。それ以降、私たちは借金取りに苦しめられながら暮らした。いきなり押しかけてくる見知らぬ借金取りの人々も怖かったが、それ以上にぞっとしたのはそれまで笑顔だった従業員の大人たちの態度が急変したことだった。もちろん、私がその立場でも腹が立っただろうとは思う。苦労して働いたのに給料をもらえず、この先、支払われる見込みも薄いなら当然だ。でも、当時10代だった私は大人たちを理解できなかった。裏切られたような気すらした。

幼な心に、私だけでも〝いい人〟になりたいと思った。しかし、どうすればいい人になれるのか分からない。まずは自分のいる場所をいつもすっきりと爽やかにすることから始めようと決心した。

もろくなった自己肯定感をキラキラ輝かせる

アルバイト先で友だちが床の水拭き掃除をしたら、私は乾いたぞうきんで残った水気を拭き取ってピカピカに磨き上げた。友だちと作業を分担しようと決めたわけでもなく、大人に指示されたわけでもなかった。濡れたままでは足を滑らせる人がいるかもしれないと心配になり、自発的に始めた仕事だ。

公衆トイレでは、自分が使った個室をきれいに片付けた。床や便器が濡れていたらトイレットペーパーで拭き、ゴミが落ちていれば拾う。トイレから出て手を洗った後は、洗面台の水をきれいに拭き取る。得意顔で語るほどでもない、ほんのささいなことだ。

気づいてくれる人もいなかった。でも、私だけは知っていた。私のささいな行動が誰かの気分をよくするということを。そんな行動を取る私は「いい人」だということを。こうした小さな満足が、貧しくてつらい10代の時期を耐え抜く力をくれた。

一度身についた習慣が簡単に消えることはない。今でも私は公衆トイレを使ったら、必ず後片づけをする。誰かに見られたらおせっかいだと言われるかもしれないが、自分が使った個室をはじめ、洗面台とゴミ箱の周辺まで片づける。今年8歳になった長女のアインと一緒にいるときは、公衆道徳を教えるいい機会になる。

「アイン、あなたがトイレをきれいに使ったら、次に使う人も気分がいいよね？　手を拭くときは、水をぶんぶん飛ばしちゃダメよ。鏡に水が飛んだらお掃除の人が大変だし、他の人たちも嫌な気持ちになるからね。ここはたくさんの人たちが一緒に使う場所だから、マナーをちゃんと守ろうね」

私が公衆トイレを片付ける様子をずっと見てきたので、アインも自然と私を真似るようになるのではないかと思う。そんな日が来たら、アインも若い頃の私のように自分を誇らしく思うはずだ。ささいな行動の一つがどれほど自己肯定感を満たしてくれるかを知るだろう。

留学時代、毎週金曜日の夜になると、我が家に留学生を20人ほど招いて一緒に礼拝を捧げた。たっぷり用意した食事を礼拝の前にみんなで食べ、帰り際にはあらかじめ容器に詰めておいたスープや総菜を持たせた。大学にはお弁当を多めにつくって持っていき、友だちと分け合って食べた。何も知らなかった頃は、留学生というのは裕福な家の子どもばかりだと思っていた。ところが実際に留学してみると、必ずしもそうではなかった。水しか飲めないような状況で勉強している友だちもいた。私が〝気前のいいお姉さん〟の役目を引き受けたのはそのためだった。

アメリカ人の友人から、どうしてこんなにお弁当の量が多いのかと聞かれたことがある。私はこれが〝私の小さな使命〟なのだと言い、ご飯を分け合って食べるというささいなことによって誰かの一日を活気に満ちたものにできるなら、喜んでその務めを果たすと答えた。

留学中にもう一つ記憶に残っているのは、週末ごとにやっていた浜辺のゴミ拾いだ。絵画のように美しい浜辺にゴミやビールびんが散らばっていて、景観上よくないばかりか、裸足で浜辺を走る子どもたちが足をケガするのではないかと心配になった。

同じ学科の友だちにコーヒーを一杯おごって一緒にやろうと誘うと、かなりの数の参加者が集まった。数週間が経つと、町内の人々も関心を寄せ始めた。「どこから来たの？　本当にごくろうさま」と言って幸運を祈ってくれた。私たちに合流して一緒にゴミ拾いをする住民も増えていった。

韓国から遊びにきた知人も例外ではなかった。友だちでも芸能人でも週末を挟む日程でやってきた人は、否応なしに私に引っ張られて浜辺の掃除に行くことになった。1〜2時間ゴミ拾いに付き合ってもらった後は、素敵な食事をごちそうした。

いわゆるクリエーターやアーティストと呼ばれる人々は、美しさを作品の中だけで表現するのではなく、日常の中でもつくり出すべきだと思う。同じ学科の友だちや韓国からやってきたアーティストを参加させたのは、そんな理由からでもあった。自然がくれた美しさが人間の手で毀損《きそん》されているのに、そのことから目を背けて芸術活動をするというのは道理に合わない。

こんな気持ちで始めた浜辺の清掃活動は、意外な効果を生んだ。一緒に清掃をした仲間との友情はいっそう深まり、自発的にポジティブな共同体を築いたという自負心によって、それぞれの自己肯定感も高まったのだ。

自己肯定感を育てるために必要なのは、3・5％の小さな何かだ

すごいことを成し遂げる必要はない。誰かに認められなくてもいい。ささいなことをこなしていけば自己肯定感が高まるということを、私は長年の経験から悟った。高まった自己肯定感は必ず顔に表れる。いつしかあなたは余裕と柔らかな印象を持ち、どんな場でも歓迎される存在となって人々を引き寄せるようになる。最近のスラングで言うところの〝ヘギンサ〔核インサイダー。超人気者の意〕〟となるわけだが、その結果、自己肯定感はいっそう高まる。これこそが私の経験した〝自己肯定感の好循環〟だ。

それでなくても鋭敏だった私の感覚は、メイクアップアートの仕事によっていっそう研ぎ澄まされた。メイクの世界ではわずか1ミリが非常に大きな差となる。左右のアイラインの長さが1ミリ違うだけでも、眉山の角度が1度違うだけでもメイクの完成度がガタ落ちする。他業種の人には気づかれなくても、アーティストには見抜かれてしまう。

どんな仕事においても、完成度を決定するのはごくささいな部分だ。いくら有名なデザイナーの服でも、いかにデザインが素敵で素材が高級でも、ジッパーが固かったり、一カ所でも糸がほどけたりしていれば名品とはみなされない。そういった意味で、完成度とは小さくてささいな部分に至るまで、究極の完璧さを追求することによってのみ得られる。ささいなことを無視したり軽んじたりしてはいけない。その代償は決して小さくはないからだ。「悪魔は細部

に宿る」という言葉もあるではないか。

年を取るほどに、大規模で並外れたことよりも、小さくてささいなことに魅了される。私の携帯電話は、風に揺れる小さな野花や車窓に落ちた小さな雨のしずく、次女のラエルの手のひらほどの落ち葉の写真でいっぱいだ。夫が上機嫌のときに歌う鼻唄、子どもたち二人のくすくす笑いが、どんなオーケストラの演奏よりも美しく聴こえる。子どもたちと一緒に過ごすささいな日常は、どんな栄光と名誉にも及ばない幸福感をもたらしてくれる。

本当に大事な宝物は金庫の中にはない。神様がそんなありふれた場所に宝物を隠すはずがない。宝物とは、誰も探そうとすらしない、とてもささやかなところにある。優れたアイディア、人生の真理、生きる喜び、自己肯定感の秘密はいつだってそんな場所にある。細部に目を向け、耳を傾ければ、この世のものはすべて尊い。そう考える自分自身も尊いものになっていく。

海水に含まれる塩の濃度は約3・5％に過ぎないという。この3・5％の塩が海を海らしくして、数多くの生命を宿す。ひょっとしたら私たちの自己肯定感も、わずか3・5％の何かで満たすことができるかもしれない。50％や70％の何かが必要なわけではない。小さくてささいなことをやり遂げた喜び、いい人になるためのたった一歩が私たちの心を奮い起こし、胸を張らせてくれる。裕福な家に生まれなくても、競争に勝つことができなくても、他人に認めてもらえなくても、私たちの自己肯定感が枯れることはない。

LIFE MAKE-UP

自尊心を取り戻す

とてもささいな出来事によって自尊心が満たされた経験があれば、書き出してみましょう。

1

2

3

4

5

Chapter3

人生の筋力は心の筋力から生まれる

Quotation

守るべきものすべての中で、何よりもまずあなたの心を守れ。生命の根源はここにあるからだ。

——箴言4章23節

高校時代の私は、感情を境遇から切り離そうと必死に努力していた。つらく重苦しい環境に置かれているのは事実だが、だからといって毎日、負のオーラを漂わせていたくはなかった。暗い顔をしてネガティブな雰囲気に包まれた人には、誰も好感を抱かないだろうから。自分の力ですぐに現状を変えることはできそうにないので、まずは環境が私にネガティブな影響を及ぼさないように精一杯の努力をすることにした。

ある日アルバイトを終えて帰る途中、ふと自分の姿がとてもみすぼらしく見えた。だらりと肩を落とし、うなだれたまま、とぼとぼ歩く痩せ細った女の子。こんなに陰気で自信のなさそうな姿をしているのが私だなんて…。この事実に気づいた私は顔を上げ、胸を張って堂々と歩く練習をした。

同時に始めたのは、〝口角を上げて、にっこり笑うこと〟だ。お金も労力もかけずに明るい印象を与えるベストな方法だと思った。当時は知らなかったが、無理にでもにっこり笑えば、実際に楽しくポジティブな気持ちになるそうだ。笑う門には福来るという言葉は、脳科学的にも効果が証明されているらしい。笑顔をつくれば、幸せだから笑っているのだと脳が錯覚して、幸福感をつかさどる神経伝達物質が生成されるのだという。

笑顔は最高のベースメイク

「一怒一老一笑一少」という言葉がある。「一度怒ると一度老いて、一度笑えば一度若返る」という意味だ。表情はそれほどまでに大切だという表現だが、私はこの言葉が事実であることを強く実感している。表情が暗い人にはいくら素敵なメイクをしても効果がない。

私がメイクアップをする顧客は結婚式などの一世一代の重要なイベントを控えている人が多いので、緊張とストレスでこわばった表情をしていることがよくある。私は緊張をほぐすためにたくさん話しかけ、表情が暗ければいっそう気を遣って心を通わせようと努力する。軽い世間話から始めて「肩がガチガチに凝ってますね。何か気がかりなことでも?」とさりげなく尋ねれば、たいていの人が心を開いて話を聞かせてくれる。

あるとき、ブライダルメイクの顧客がとても不機嫌そうな顔をしていたので理由を聞くと、姑のせいで腹が立っているという。夫とここでメイクを受けようと決めて予約までしておいたのに、当日になって姑が夫だけを自分の行きつけのショップに連れて行ったのだそうだ。こんなふうに顧客が怒りでいっぱいになっているときは、メイクアップ中も苦労するし、仕上がりもいいものにならない。

「まぁ、そうだったんですか。それはモヤモヤしますよね」と相手の話に耳を傾けて、気持ちに寄り添う。人は誰でも自分が十分に理解されていると感じれば、いくぶん気分が晴れるものだ。

「でも、気持ちを切り替えてくださいね。今日はおめでたい日なんですから。お義母さまを理解してあげなくちゃ。30年大切に育てた息子さんが結婚するから、きっと寂しい気持ちもあるんですよ。もし新郎様のメイクがイマイチだったら、あとでお迎えにいらっしゃったときに私が直しますから！」

冗談を交えながら慰めの言葉をかけると、顧客はやっと機嫌を直してにっこり笑った。こわばっていた表情がほぐれて、まるで別人になったかのようだ。くすんで見えていた肌に赤みがさし、目元に活気が宿って初めてメイクが顔によくなじむようになる。笑顔は最高のベースメイクなのだ。

私はときどき印象がいいと褒められることがある。幼い頃から明るい表情を維持しようと努力してきたおかげなのか、今現在、心の平穏が保たれているからなのかは分からない。

高校時代いつも笑顔でいることを心がけていたが、私が何よりも切実に望んでいたのは〝心の力〟を育てることだった。貧しい境遇のせいで心まで貧しくなってしまうのが嫌で、たくさん笑って、堂々と歩いた。そんなふうにつくり上げたタフな心が余裕と穏やかさとなって、現在の私の顔に表れているということなのだろう。

あなたは他人の感情を受け取るゴミ箱ではない

メイクアップを受けに来た芸能人がとても暗い表情をしているときは、十中八九ネット上の悪質なコメントが原因だ。そんなときは痛ましく思いながら慎重に声をかける。

「そんなコメント、読む価値もないわよ。見ないようにしなきゃ。うっかり目に入ったら、本当に哀れな人ねって思って忘れちゃえばいいのよ。会ったこともない芸能人を攻撃するなんて、よっぽど自分に自信がなくて暇な人なんだから」

実におかしなことだが、励ましや称賛の言葉よりも非難や嘲笑のほうが深く心に突き刺さり、より大きな波紋を起こす。私がメンタリングをしている若い女性が先日、職場の同僚に外見を批判されたという。最初は「人の顔をどうこう言える立場じゃないでしょ！」と心の中で笑い飛ばしていたが、我知らず服や化粧品を買い込んでいた。カードの明細書を見たとき、同僚の言葉に自分が大きく影響されていることに気づいて、ようやく我に返ったそうだ。

別の日には、ある知人が突然、二重まぶたの手術を受けると言い出した。理由を聞くと、SNSに目が変だという悪質なコメントを書かれたからだという。知人はそのコメントを書いた人物とは親交がない。彼女の一重まぶたが好きだった私は、大きなショックを受けた。たくさんの人があなたの目は美しくて素敵だと伝えたが、結局彼女は、親交もなく、見る目もなく、礼儀もない一人の言葉によって二重まぶたの手術を受けると決めたのだ。

私たちはなぜ、自分を愛してくれることも尊重してくれることもない人々に浴びせられた一言に揺らぎ、傷つくのだろうか？　なぜ他人の不満、劣等感、不安が投影されたゴミのような言葉を一身に受け止める〝感情のゴミ箱〟になってしまうのか？

あるとき、食堂でイライラした表情の女性店員が私たちのテーブルにコップを投げつけるように置いて行った。忙しくて気が立っているのかもしれないが、私としては食事をしに来たのに泥水を浴びせられたような気分だった。しばらくして彼女が料理を運んできたとき、私は言った。

「お肌に何を塗っていらっしゃるんですか？」

店員に「は？」と聞き返され、もう一度尋ねた。

「お肌がすごくきれいだから。何か秘訣があるんですか？」

今にも殴りかかってきそうだった彼女の表情がとたんに華やいだ。

「あらやだ、秘訣だなんて。クリームを塗ってるだけよ」

照れくさそうに微笑みながらサービングをする彼女の手つきは、まるで春風に揺れる柳の枝のようだった。私がネガティブな態度にあえてポジティブな対応をしたのは、他人の感情に引きずられたくなかったからだ。よく知りもしない人に腹を立てながら食事をして消化不良を起こす必要はない。他人の感情は思い通りにならないが、自分の感情は自分でコントロールすることができる。ネガティブな感情に影響を受けるのも自分の選択、さらりとはね返すのも自分の選択だ。「他人の感情はその人のもの、私の感情は私のもの」。こんなふうにはっきりと線引きをしなければならない。

とはいえ、日々を生きる中では、線引きが難しいケースに出くわすことのほうが多い。食堂の店員のように一期一会の相手ならまだしも、身近な友だちや家族であれば事情が異なる。見知らぬ人の手に刃物が握られていたら逃げればいいが、両親や友だち、配偶者、隣人が手にした目に見えない刃物は避けようがない。「あなたのことを思って言ってるのに」というオブラートに包まれた、鋭いナイフのような言葉にあっさり心を傷つけられてしまう。

容易ではないが、こういう場合はいっそ関係を断ったほうがましだ。生き地獄のように心の傷を負ってまで維持すべき関係はない。肉親であっても同じだ。やむを得ず顔を合わせなければならないなら、イメージトレーニングをしてみよう。ゴミのような言葉が飛んでくるたびにフタを閉じて、ドンとはね返す光景を想像するのだ。こういう具体的なイメージを頭の中に思い浮かべるだけでも、気持ちを鎮《しず》めて心を安定させる効果があるという。

筋肉をつけるには、きつくても運動が欠かせないように、心の筋力も困難を耐え抜くことによって鍛えられる。だから私は、自分の心を傷つけようとする悪意に出くわすたびに、むしろありがたいと考える。「あなたの言葉が間違っていることを証明するためにも、私はもっといい人生を送ろう。もっといい人になろう」と決意を新たにすることができるからだ。

大変な体験をした後は、心をゆっくり休めてほしい。筋肉も運動している最中ではなく、休んでいる間につくられるというではないか。心の筋肉も同じだと思う。つらいことがあったときは、「私は本当にいい人だ」と自分を励まして慰める必要がある。素敵な人々と会って、称賛を受け、共感と癒しを得なければならない。

このステップを繰り返していけば、いつかは自分に向かって飛んできた石に心を傷つけられなくなる日がやって来る。内面がタフな人、心の筋力が発達した人になれるはずだ。

心の筋力を育てる一日2回の黙想

こうした事実を知っていても、ときには何もかもが手に負えないように感じられることがある。知らぬ間に他人のための〝感情のゴミ箱〟になってしまう、そんなときだ。ぞっとするほど憂鬱な長いトンネルから、いつも私を抜け出させてくれたのは黙想だった。心がざわついている最中はその効力を実感できないが、朝晩の黙想を地道に続けていれば、気持ちが鎮まって平常心が戻ってくる。

子どもたちが寝ついた静かな夜、携帯電話の「ホーリーバイブル（The Holy Bible）」というアプリと共に私の黙想は始まる。聖書の一節を読み、目を閉じて今日という一日を振り返ってみる。心に引っかかることがあれば、そっと撫でるように丁寧に探っていく。私は今どんな気持ちなのか、健全な感情なのか、その感情は何に起因しているのかを考える。

心が苦しいときはどんな一節を読んでも頭に入らず、一日を振り返る気力も湧いてこない。

それでも、呼吸をして食事をするように毎日の黙想を続ける。朝起きたら、前の晩に読んだ聖書の一節を読み返し、今日もこの言葉に支えられて生きられますようにと祈りを捧げる。仕事をしているときや家族と日常生活を送っているときも、ふと心のつらさを感知したら、その都度アプリを立ち上げて聖書の言葉を読む。疲れたときにビタミン剤や栄養剤を飲むようなものだ。

子どもたちのために毎日やっていることがある。お湯を沸かして夜の間に冷ましておき、翌朝きれいに消毒した水筒に入れて、幼稚園に行くとき持たせる。黙想もこれに似ている。夜の黙想はグラグラ沸き立った心を冷まして鎮める役割を果たし、こうしてすっかり空っぽになった心に、朝の黙想が新鮮でポジティブな気を満たしてくれる。私にとって黙想は、よどんだ感情を捨てて、きれいな心を回復する毎日の儀式だ。

自分の力ではどうしようもないことが私を苦しめて心を惑わせるときは、いつも黙想によって乗り越えてきた。毎日が幸せで穏やかなときも黙想で心の筋肉を鍛え、今後の試練に備える。

華やかな照明の下に立った俳優は、いつもキリッと緊張している。

同じように、心という舞台も闇の中に置いておくのではなく、いつも明るい照明を当てて中を覗き込み、見つめ直さなければならない。これを怠ると心に闇が忍び込み、世事のつむじ風に巻き込まれてしまう。心を明るく照らして見つめるには、常に覚醒した状態でいるためには、黙想が欠かせない。毎日の黙想は、精神をすっきり目覚めさせておくための切実な努力というわけだ。

文章を書くのも心を見つめ直すために有効な方法だ。メンティーたちにも、短くていいから毎日文章を書くようにと薦めている。どんなに大変なことであっても、文章にまとめてみればせいぜい3行だ。すると、これしきのことで悩んでいたのかという思いがおのずと浮かんでくる。自分を苦しめるものが巨大で恐ろしい存在のように思えても、勇気を出してしっかり見つめてみれば、その実体は卑しくみすぼらしいことが多い。

今日も私は祈る。もっと丈夫で健康な心を持てますように。誰かの負のオーラに揺さぶられたり、私の負のオーラが他人を揺さぶったりしませんように。心の筋力を鍛え上げて、人生ロードマップの上を力強く元気に歩いていけますように、と。

Chapter3

SNSは誰にでも開かれているチャンスの扉

Quotation

才能があるなら、あらゆる方法で使い尽くせ。貯め込むな。ケチくさく出し惜しみしてはならない。破産せんばかりの百万長者のように惜しみなく使え。

――ブレンダン・フランシス・ビーハン（劇作家）

聖書に出てくる話だ。三人のしもべを持つ主人が彼らにそれぞれ5タラント、2タラント、1タラントの貨幣を渡して、旅に出た。主人は旅から戻ると三人を呼び、タラントをどのように使ったか聞いた。5タラントをもらったしもべは、これを元手に商いをして10タラントに増やし、2タラントをもらったしもべも4タラントに増やした。主人は「忠実でいいしもべだ」と彼らを褒めた。ところが、1タラントをもらったしもべは、誰にも見つからないように埋めておいた貨幣をそのまま持ってきた。主人は「邪悪な怠け者め」と言って、彼を追い出してしまった。

英語で才能を意味する〝タレント〟は、このタラントを語源とした言葉だ。生きていれば、神は人間たちに公平に才能を授けたわけではないということが分かってくる。他人の才能はいっそう大きく輝かしいものに見える。しかし、自分にも神が器に合わせて授けてくれた才能がある。人より大きくないから、輝いていないからといって、埋めてしまってはいけない。自分がいちばん好きで得意なことは何なのか、どうすれば自分をより価値ある人間にすることができるか、自分の才能について省察して、それを世の中にシェアする方法を考えなければならない。すると、意外と近くにかなり強力で効果的な手段があることに気づく。それがユーチューブだ。

新しい扉を開いたユーチューブ

私がユーチューブを始めることになったきっかけも、神から授かったタレントを多くの人々とシェアするためだ。イ・スンヨンをはじめ数多くのトップスターと仕事をして〝スターメイクアップ・アーティスト〟と呼ばれるようになると、私のメイクアップノウハウを知りたがる人々がどんどん増えていった。当時、私のサイワールド〔2000年代に大流行した韓国のSNS〕は一日当たりの訪問者数が7千~1万人に及び、数百件の質問が寄せられるほど大きな関心を集めていた。質問の内容から察するにメイクアップ・アーティストとして働いている人も相当数いるようだった。

私は幼い頃からサポートが必要な環境で育ったため、同じような境遇に置かれた人がいると放っておけない。自分にできることがあるなら全力で協力したいと思ったが、メイクアップのチュートリアルを文章で解説するというのは思っていたほど簡単なことではなかった。

試行錯誤の末、「ジョン・センムルドットコム」というホームページをつくって、質問に対する回答を写真や映像で作成した。ビューティー記者が私にインタビューする代わりに、それを見て記事を書くというほど質の高い映像だ。それなりの費用をかけた、国内で唯一無二の企画だった。

2008年頃になると、夫がユーチューブという非常に可能性の大きいグローバル・プラットホームがあると言い、これまでの動画をそこにアップロードしようと発案した。当時、私は留学中だったが、ジョン・センムルというアーティストを変わらず応援して待っていてくれるファンに恩返しをするツールとして、ユーチューブを活用してみようということだった。

そして2009年、いよいよユーチューブに「ジョン・センムルチャンネル」が誕生した。韓国語のサービス開始からまだ1年しか経っていなかったため、国内でのユーチューブの認知度は低かった。ビューティー業界では、おそらく我が社が初めてユーチューブに進出したのではないかと思う。

私たちのチャンネルのコンセプトは〝専門家によるチュートリアル〟だ。ターゲットとする視聴者もメイクアップの専門家、あるいはセミプロレベルのアマチュアだ。そのため、その他の人々のアクセシビリティが低いという評価もあった。一時はサブコンテンツとしてエンターテインメント性の高い動画をつくったり、メイクアップの過程を感覚的に伝えることに力を入れたりもした。しかし、チャンネルのアイデンティティを熟考した結果、最近は専門家と未来のアーティストのための〝オンラインアカデミー〟というコンセプトに戻った。ジョン・センムル・アート&アカデミーをオンライン化したものだと考えてもらえばいいだろう。

数年前、北米のセフォラでサイン会をしたことがある。1時間前に現場に到着したが、すでに数百メートルの列ができていた。現地のマネージャーによると、ほとんどが私のユーチューブチャンネルを見てやってきた人々だという。サインをしながらファンたちと話してみると、ユーチューブの威力をはっきりと実感することができた。

私のユーチューブチャンネルを単純に楽しんでいるという視聴者もいたが、映像を見ながら熱心に勉強してメイクアップ・アーティストになったという人も多かった。私がユーチューブでオンラインアカデミー講座をする理由がまさにここにある。メイクアップの専門家を目指す誰もが時間や場所、費用に縛られずにジョン・センムルチャンネルで良質の講座を受講し、夢を育てることができたら嬉しい。これぞ、私が神から授かったタレントを大切に使う方法だと思う。

ユーチューブはグローバルな広告となる

ユーチューブは私のタレントをシェアする場だったが、新たなチャンスにつながるきっかけにもなった。2013年から始まったKビューティーのブームに乗ってジョン・センムルチャンネルの海外視聴者が爆発的に増え、私のグローバルな認知度が大きく高まった。

チャンネル登録者の半数以上は、東南アジア、アメリカ、ヨーロッパなどの海外居住者だ。ビューティーコンテンツは言語に大きく左右されないノンバーバルな性格が強く、さまざまな国の視聴者とコミュニケーションできるというメリットがある。私たちのコンテンツはハングルと英語字幕を提供しているが、コメント欄を見ると、非英語圏の視聴者も多いことが分かる。ジョン・センムル・アート&アカデミーのオープンを急ぐことになったのも、ユーチューブの影響が大きかった。最初のスタジオで小規模なアカデミーをしばらく運営して中断した後、いつかはもっと大規模なアカデミーを始めたいと思っていたが、その時期が思っていたより早まった。ジョン・センムルチャンネルの海外視聴者から、韓国でメイクアップを学びたいという問い合わせが殺到したからだ。そのため、予定を早めて2014年にジョン・センムル・アート&アカデミーをオープンし、短期国際クラスを開設した。

ジョン・センムル・ビューティーをローンチしてからは、動画内で自社製品だけを使用しているため、宣伝効果も大きい。動画制作費以外の費用は一切使わずにグローバル広告を打っているというわけだ。

現在、ジョン・センムルチャンネルの登録者数は43・9万人にのぼり、総照会数は4千万ビューを超える。ユーチューブの他にもインスタグラム、フェイスブック、ツイッターなど多様なグローバル・プラットホームにジョン・センムル・ビューティー、ジョン・センムル・アート&アカデミーおよび私の個人アカウントがあり、これらは検索順位と認知度から見て、とても安定的に運営されている。

同じ夢を持つ人々を少しでも手助けしたいという思いで始めたユーチューブ活動が私に大き

なチャンスをくれたように、SNSで自分のタレントをシェアして、より大きなチャンスをつかむ可能性は誰にでも開かれている。無料で自分をブランディングできるグローバルなプラットホームがあるのだから、これを活用しない手はない。

私はとくに、才能あるビューティークリエーターがもっとたくさん出てくることを願っている。ビューティーチャンネルは購入した商品をレビューする「ハウル（HAUL）」、メイクのテクニックを教える「ハウツー」、専門的な指導をする「チュートリアル」など、多様なコンセプトによる運営が可能だ。このうち何に力を入れるのかをはっきりと決めて、コンテンツの一貫性を保たなければならない。

最近はハウツーとチュートリアルが優勢だ。メイクアップ専門家や経歴のあるクリエーターが自身の専門性をベースに芸能人の真似メイク映像などを制作して、大きな人気を呼んでいる。

ビューティーチャンネルは、まだ〝ブルーオーシャン〟

近年のトレンドは、こうした専門性の高いコンテンツを提供しつつ、〝メイクアップに詳しい近所のお姉さん〟というコンセプトを維持するスタイルだ。私たちのチャンネルは典型的なチュートリアル方式だが、クリエーターが一人で運営するチャンネルであれば、親しみやすい雰囲気で視聴者とコミュニケーションするのもいいだろう。

チャンネルのコンセプトが固まったら、メインのコンテンツ以外にイベントコンテンツを制作してみよう。たとえば「忘年会の二日酔いを隠すメイク」「新学期シーズンのキラキラメイク」など、時期に合ったコンテンツをタイミングよく制作すれば、新規登録者の獲得につながる。

視聴者が映像を見るかどうかを決める基準は、タイトルとサムネイルだ。内容とかけ離れた釣りタイトルやサムネイルは避けたほうがいいが、最大限、視聴者に興味をもってもらえるように自分のセンスを総動員しよう。ユーチューブはブログとは違って、照会数よりも平均視聴時間のほうが重要だ。分析ツールを活用して、視聴者の関心がどこでどのように変化するのかを綿密に分析し、改善点をチェックしなければならない。

視聴者の好みを把握する必要もある。自分のチャンネルの視聴者はどんな職業に就いているのか、ビューティーに充てる費用はいくらなのか、どんなスタイルが好みなのかをチェックしなければならない。また、ビューティー以外の趣味、美容に力を入れる理由、ビューティー情報をやりとりする相手は誰なのか、他にはどんなチャンネルを視聴しているのか、自分のチャンネルをなぜ見てくれるのかといった点をしっかり把握することで、ニーズに合った映像を制作することができる。

ユーチューブによって提供されるデータ分析だけでは限界があるので、こうした詳細な情報を得るためには、ライブ放送やコメント欄で視聴者と活発にコミュニケーションを図る必要がある。視聴者からのコメントを増やすには、動画の終わりに質問を投げかけるという方法もおすすめだが、基本的にはコメントに対して誠実に回答する姿勢が求められる。

登録者数を増やすには少なくとも週1回は動画をアップして、定期的にアップデートをしていかなければならない。また、アップデートのお知らせを掲載して、次のアップロードまで視聴者と密接な交流を続けることも大切だ。

他人と同じように無理して勉強をする時代は去った。今は自分が楽しめることを探し、それを続けていく方法について考えなければならない。ユーチューブはそんな人々にとって最適な空間だ。

私の周りにも、遊び感覚で気軽にユーチューブを始めて自分の才能を発見したという人々がかなり多い。どんなに小さくてわずかな才能でも、埋めておくのではなく、ピカピカに磨き上げて世の中に披露すれば、さらに輝かしい光を放って注目を浴びるようになるはずだ。

Chapter3

態度はスタイルに勝る

Quotation

自分に与えられたものによって尊敬される人はいない。尊敬は自分が施したことに対する報酬だ。

——カルビン・クーリッジ
（アメリカ合衆国第30代大統領）

イ・スンヨンと一緒に働いていた時期のことだ。彼女がヘアサロンでトリートメントを受けている間、日ごろから私をかわいがってくださっていたネイルアートの先生とおしゃべりをしていた。

「ところでセンムル、あなたの爪はどうしちゃったの？」

突然、先生が私の手を引き寄せて爪を整え始めた。恐れ多くも先生に手をまかせていると、誰かが私の背後から一言、言い放った。

「まったく、身の程知らずね」

振り返ると、当時とても売れていた女性芸能人が座っていた。

「私におっしゃったんですか？」

私が尋ねると、その芸能人は私の目をまっすぐに見つめて答えた。

「いいえ」

しかし、その言葉が私に向けられていたのは明らかだった。ネイルアートの先生の顔色がサッと変わったのを見ても分かった。トップスターだった彼女にとって、私は取るに足らない存在だったかもしれない。

でも、なぜ「身の程知らず」などという言葉を言い放つことができるのだろうか。誰がそんな権利を彼女に与えたのだろうか。当時はこの質問をすることができなかった。そして、今後も聞く機会はなさそうだ。なぜなら、彼女は芸能界でほぼ忘れ去られた人になったからだ。

メイクアップアートの本質は〝人に対する態度〟だ

聖書に「人にしてもらいたいと思うことは何でも、あなたがたも人にしなさい」（マタイによる福音書7章12節）という言葉がある。私はメイクアップ・アーティストとして、ジョン・センムル・ビューティーの事業主として、一人の人間として、この言葉をいつも胸に刻んで生きている。

メイクアップアートは人のための、人によるものだ。したがって、基本的に人が好きで人を尊いと思う気持ちがなければ、この仕事をすることはできない。サンフランシスコ留学時代、私は紙や材料をむやみに捨てることができない唯一の学生だった。他の学生たちは描いた絵が気に入らなければあまりにも簡単に材料を捨てていたが、私はそれを受け入れられなかった。倹約家だからではない。メイクアップ・アーティストだからだ。

人を対象にアートをしてきた私は、材料を廃棄することに慣れていない。買うことも捨てることもできず、壊してもならない唯一のアート材料が人だ。人に対する尊重も準備もなく、テクニックだけでメイクをする人はアーティストと呼ばれる資格がない。

私はジョン・センムル・アート&アカデミーのオリエンテーションのたびに、受講生にはっきりと告げる。メイクアップは決して容易なことではなく、軽く考えていいものではない。もし覚悟ができていないなら今すぐに辞めたほうがいい、と。メイクアップ・アーティストになるには長年のアシスタント経験を積まなければならない。人を尊く思い、感情まで美しく手入れをすることができるアーティストになるには時間が必要だからだ。相手の表情を見るだけでどんな精神状態なのか、何を望んでいるのか、満足度はどれぐらいなのかを把握して、心を通わせなければならない。これはメイクのテクニックだけでは不可能なことだ。

メイクアップ・アーティストとしての経歴が10年以上あれば、実際テクニックに大差はない。専門家の目には差が見えても、一般の人々にはよく分からない。しかし、どんな顧客でも〝人に対する態度〟の違いには確実に気づくものだ。メイクアップ・アーティストが顧客を尊重しているのかそうでないのかは、言葉と施術の手つきにすべて表れる。

メイクアップを受けている間はリラックスできなかったけれど、仕上がりは気に入ったというケースはほとんどない。メイクアップの満足度を決めるもっとも重要な尺度は〝尊重されている気分〟だからだ。

第4次産業革命が到来すれば、人工知能が人間の職業を脅かすという。しかし、メイクアップアートの分野だけは、人工知能が人間にとって代わることは決してないだろうと思う。人間にはスキンシップに対する欲求があるためだ。

私たちは人のぬくもりと柔らかい手つきに安らかさと満足を感じる。肌のぬくもりへの飢餓感を意味する〝スキンハンガー〟という言葉まであるぐらいだから、よっぽどのことだ。メイクアップの全過程は人の手によって行われるため、人工知能ロボットが施術をするようになったとしてもどれだけリラックスできるかは分からない。10年前に開発された自動シャンプー機器が無用の長物になったのにはそれなりの理由がある。

人工知能が人間のメイクアップ・アーティストに取って代わることができないもう一つの理由は、コミュニケーション能力にある。人工知能がいかに賢かったとしても、言葉の微妙なニュアンスやかすかな表情の変化を人間以上に把握するのは難しいだろう。心を通じ合わせるためには、相手に対する好奇心と好意が欠かせない。相手の内面が知りたくて、話を聞きたいと思い、関係の変化に期待を抱いたときに心が通じ合う。そうなって初めて、メイクアップを順調に進めることができるようになる。

私がここまで来ることができたのは、私の手に快く自分の顔をまかせて心を開いてくれた数多くの人がいたからだ。新人時代は友だちが私のアートの対象になり、名前が知られるようになってからは〝最高のキャンバス〟と言えるようなトップスターたちと共同作業する幸運に恵まれた。感謝してもしきれない。

私は現在、国内外のアカデミー受講生とビューティーサロンの多くのスタッフを教える立場にある。しかし、相変わらず至らない点が多い。いつも人に奉仕する姿勢を忘れずに学び続け、感謝しながら、一歩ずつ歩んでいきたいと思う。

〝人間関係の技術〟がその人の美しさを引き出す

私のビューティーサロンには、決して口にしてはいけない言葉が一つある。それは〝クレーマー〟だ。ときにはとても要求が多くて、対応が難しい顧客に出会うこともある。スタッフも人間だから、そんな顧客の対応をするのは骨の折れる仕事に違いない。しかし、いかなる理由があっても、顧客に〝クレーマー〟というレッテルを貼ってはいけない。

〝クレーマー〟というのは、要するにサービスに満足できない人ということだ。ときには不当だと感じることもあるかもしれないが、自分が担当した顧客が満足するまで最善を尽くすのがプロフェッショナルである。顧客と心を通わせて、希望を把握し、すべてのテクニックを総動員して満足感を引き出すべきだ。そういう意味では、〝クレーマー〟はいない。私たちが満足させられなかった顧客がいるだけだ。

ある日、スタッフが息を切らしながら私のところに飛んできた。

「オーナー、大変なことになりました。お客様がすごく興奮して、とにかく代表者を出せと下の階で暴れています。どう考えても、ちょっと〝これ〟みたいです」

スタッフは指を頭の横でくるくる回すポーズをした。

「何ですって？　お客様に対して失礼でしょう。あなた、あとでちょっと話があるわ」

スタッフを軽くにらみ、急いで下の階へと下りて行った。私だって、こんな状況が怖くないわけではない。階段を下りながら、そのお客様の力になれますようにと心の底から切実に祈った。そして顧客と目が合った瞬間、にっこりと笑顔で挨拶した。

「こんにちは。何かご不便をおかけしましたでしょうか？」

驚くべきことに、思いきりしかめっ面をしていた顧客の表情が瞬時に変わった。激しい感情が鎮まり、なぜ腹が立ったのかを説明し始めた。私は顧客の気持ちに寄り添いながら、最後まで話を聞いた。顧客が怒る理由はたいてい、スタッフが自分の話をきちんと聞こうとしないと感じるせいだ。だからまずは不満にきちんと耳を傾けて共感し、十分に尊重しているということを伝えなければならない。

「あぁ、それでお気分を害されたんですね。申し訳ありませんでした。私どものスタッフがそのように申し上げたのは、こういう事情があってのことなんです。このような措置を取らせていただきますが、いかがでしょうか？」

こんなふうに説明をすれば、ほとんどの場合は事態が丸く収まるものだ。

ときには、メイクアップの全過程を仕切ろうとする顧客もいる。特定ブランドの化粧品を使ってほしいとか、自分が指示する方式でメイクをしてほしいと要求されることもある。

しかし、顧客の心を読んで心を通わせるというのは、注文にすべて従うという意味ではない。操り人形のように指示通りコスメを塗っていくだけの人を求めているのであれば、専門家の私が存在する理由がない。とはいえ、専門家である自分の意見だけが正しくて、顧客の意見はとにかく間違っていると決めつけるのもよくない。顧客の意見を最大限尊重しつつ、必要によっては相手が納得できるように十分な説明をしなければならない。

「はい、お客様がお使いになっているのも確かにいい製品ですよ。でも、粘り気のないベース製品を塗ると、メイクが長持ちしないんです。今日は長時間メイクをキープしないといけないので、こちらの製品を塗ってみるのはいかがでしょうか?」

「こちらのリップをご希望なんですね。でも、お客様のように唇の色が濃い目の方は、グロッシーなタイプだとちょっと重く見えるんです。マットなリップのほうがずっとお似合いになると思いますが、一度ご覧になりますか?」

今は〝ゴッド・センムル〟という恐れ多いニックネームで呼ばれるほど私を認めてくれる方々が多いが、新人時代は私を信じられなかったり、目下の人をこき使うように接したりする顧客もときどきいた。そういう相手を説得しようとして「私は専門家だから、私の話を聞いてください」と言っても、かえって逆効果になる。メイクアップアートはあくまで暮らしの中にある仕事だから、人との関係が何より重要だ。〝メイクアップアート〟とは、すなわち〝人間関係のアート〟なのである。

意見が異なるときはお互いに擦り合わせなければならず、同時に責任も負わなければならない。専門家としては納得しがたくても、顧客の意見をむやみに無視してはいけない。顧客がなぜそのような意見を出すのかを理解して代案を提示し、適切に調整するという作業が必要だ。専門家ぶってプライドだけを押し通すべきではない。

手つきに心がこもる

他のショップから転職してきたスタッフと話をする機会があった。そのスタッフは、オーナーである私が予約時間の30分前にやってきて準備をする姿を見て、非常に驚いたという。私はフリーランサーとして働いた後にすぐビューティーサロンをオープンしたので、他のショップがどんなふうに仕事を進めているのかを知らない。ただ、私は自分が正しいと思うやり方で働くだけだ。

顧客のために最低30分前（必要ならば前日から）には現場に行き、どんな人が、どんな状況で、どんな服を着て、どんなメイクアップを受けるのか、コンセプトをチェックする。また、必要なメイクアップ製品がきちんと準備されているか、室内が寒すぎたり暑かったりしないか、照明は適切か、茶菓のサービスに問題はないかという点も確認する。こうした事前準備をせずに顧客を迎えるというのは、私には想像さえできないことだ。

スタジオに行く前は、いつも鏡の前で自分自身をチェックする。身だしなみだけでなく、心まで清らかにすっきり整えるためだ。私は手つきには心がこもると信じている。陰険なことを考えれば手つきも不純になり、親切心を忘れれば手つきが荒っぽくなる。

メイクアップの間、顧客はずっと私の手を通して、私の感情を丸ごと受け取ることになる。そのため、顧客を迎える前はいつも祈りを捧げる。私の手に神が共にいてくださいますように、神が人の心まで美しくお手入れをしてくれますように、そして、私の手を通して自分がとても大切な存在であることに気づいてくれますように、と。

人は利用する対象ではなく、〝尽くす〟対象だ

ビューティーサロンには暗黙のルールがある。噂話をしてはいけないということだ。有名人の顧客が多い場所であれば、とくに言葉に注意しなければならない。親しい記者が有名人のゴシップをつかもうとして連絡をしてくることがよくあるが、私の返事はいつも同じだ。

「知らないよ。私が知ってるわけないでしょ」

知っていても知らなくても、こう答える。スタッフも徹底的な教育を受けているので、私たちのサロンから有名人のプライベートな情報が流出したことは一度もない。私はこれが顧客に対する最低限の礼儀であり、配慮だと思う。

我が社のスタッフは厳しい上司のせいで、きっと苦労が多いはずだ。彼らにはとても高いレベルを要求しているかもしれないが、「実力のあるアーティスト」にとどまらず、「人としても

優れたアーティスト」になってほしいと願っているからだと理解してくれていることを願う。私にとっては、スタッフも献身の対象だ。「自分のキャリアと人生、家庭を、ここに勤めながら築き上げることになって本当によかった」と思ってもらえるように、常に最善を尽くす。

実は、会社の運営とスタッフの管理は夫がプランを描き、私はついていくタイプだ。私は一つのことに没頭していると他のことに気が回らなくなる性格で、何かに集中しているときは誰かに呼ばれても気づかないほどだ。そのせいか、仕事に全神経を注がなければならない時期は、周囲の出来事にやや無関心になる。

こんな私をサポートしてくれるのが夫だ。夫は少し短気な面もあるが、とても面倒見がいい。10年勤続したスタッフ、子どものトルチャンチ〔満1歳の誕生日を祝うパーティ〕をしたばかりのスタッフ、母親が手術をしたスタッフなどに対して、細やかな気遣いをする。そのうえ、どんなときも心づけは必ず私を通して渡す。そんな夫から、人のために尽くそうとする広く深い心を学んでいる。

幼い頃、私は母の画集で見つけたレンブラント、レオナルド・ダ・ヴィンチといった巨匠の人物画に気が遠くなるほど心を奪われていた。私を魅了した絵は、なぜ静物画や風景画ではなく、いつも人物画だったのだろうか？　メイクアップ・アーティストという職業は、もしかしたら私の運命なのかもしれないという気がする。

メイクアップを通して人に尽くし、私もまた彼らにお返しをもらった。メイクを終えた人々の楽しげで幸せな表情の一つ一つが、私の自負心となり、自己肯定感となり、存在理由になった。鏡の前に座った数多くの人々が私の友だちであり、師匠であり、幸せの通り道であることをいつも実感する。彼らがいるからこそ、今日のジョン・センムルがいることをいつまでも忘れないようにしたい。

Chapter3

握りしめた手では何もつかめない

Quotation

一人の子ども、一人の先生、一冊の本、一本のペンが世の中を変える。

――マララ・ユサフザイ（市民運動家）

幼い頃から苦労が多かった私が自分と他人への信頼を失わずにいられたのは、周囲の素敵な大人たちのおかげだった。

借金取りからの督促電話が鳴りやまない日は、逃げるように教会へと走って行った。そこにはアメリカ人宣教師のおばあさんがいらっしゃった。私を見ると顔をシワだらけにして明るく笑いかけてくれた方。名前は忘れてしまったが、ショートカットのブロンドヘアと青い瞳だけは鮮明に記憶に残っている。

おばあさんが私を自宅に連れていって、クッキーを焼いてくれた日のことが思い浮かぶ。手づくりのクッキーを食べたのは初めてのことで、幼き日の私はとてもわくわくした。どんな話をしたのかはよく覚えていない。でも、その日食べたクッキーの温かさと甘みは、たった今味わったかのようにはっきりと思い出せる。一人で外国暮らしをするなんてどんなに寂しいだろう、こんなに遠くまで子どもたちの面倒を見に来たのはなぜだろう。クッキーを食べながら、一人で思いをめぐらせたことも思い出す。

もらったぬくもりをお返ししていく

延世大学でアルバイトをしていた頃は、工学部の事務室で働く二人の女性がとても親切にしてくれた。

「センムルはどうしてそんなに仕事ができるの？」

私を見るたびに褒めてくれて、ときどきおやつも用意してくれた。急ぎの仕事がなければ、ちょっと休んでいきなさいと椅子を勧めてくれたりもした。私は彼女たちを「お姉さん」と呼んでなついていた。

ある日、お姉さんの一人が私を自宅に招待してくれた。アルバイトを終えて一緒に家に向かうと、彼女のご両親が明るく迎えてくださった。その家で善良な大人たちに囲まれて、温かい手づくりの食事をいただきながら「私も大きくなったら、こんな大人になろう」と決心した。

いざ大人になると家族の生活を支えるのに忙しくなり、お姉さんのことをすっかり忘れて生きていたが、メイクアップ・アーティストとしての地位を確立してから、私を家に招待してくれたお姉さんとSNSでつながった。しばらくはオンラインで連絡を取り合うだけでなかなか会えなかったが、サンフランシスコに留学しているときに嬉しい知らせが届いた。お姉さんがご両親と一緒にLAに暮らすきょうだいの家を訪問するついでに、サンフランシスコに寄るという。ちょうど私はとても広い家で暮らしていたので、一家を招待して泊まってもらうことにした。そして、当時お姉さんとご両親が私にしてくださったように、温かい食事でもてなした。

一家は知っているだろうか。取るに足らない高校生だった私が、あの日の夕食にどれほど励まされたことか。温かく慈悲に満ちた時間をどれだけ頻繁に思い返したか…。サンフランシスコの我が家で明るく笑う彼らを見ながら、神に祈った。当時、素敵な大人に巡り合わせてくれたこと、そして今こうして再会を果たし、ささやかな恩返しができる機会を与えてくださったことに感謝した。

私の少女期はつらく厳しいものだったが、ぬくもりを分けてくれる大人たちがいたおかげでいつも温かかった。これからは社会の一員として、私がもらったぬくもりを多くの人々に分かち合う番だ。真の〝いい大人〟になるべき時期だ。

人材養成が、「私がいなくてもうまく回る会社」につながる

私はメイクアップ・アーティストであり、教育者である。現在、精力的に活動しているメイクアップ・アーティストの多くが、私のアカデミーの出身者だ。私はこのことをいつも誇らしく思っている。

アカデミーの受講生を見ていると、自分の若い頃のことをよく思い出す。当時の私がそうだったように、彼らも自分が何を望んでいるのか、どんな生き方をしたいのかがよく分かっておらず、たやすく他人に振り回されて傷つく。目標がないせいで時間が無意味に流れ、ますます

不安が大きくなっていく。私にもそんな経験があるから、受講生の一人ひとりが他人とは思えない。私がうまく導いてあげれば、彼らはこの不安なトンネルからより早く抜け出せるはずだと思うと、一から十まですべて教えたい気持ちになる。

ビューティーサロンで働く弟子たちに対しても同じだ。新しいノウハウを一つ身につけたら、それを教えずにはいられない。「これは私だけの独創的なアイディアよ！」という意識はまるっきりない。できることなら、弟子たちに少しでも多くの機会を与えたい。

メイクアップ・アーティストにとって、美しく個性ある顔を持つ芸能人はまさに最上のキャンバスだ。だからこそ、芸能人と仕事をする機会は誰にでも与えられるものではない。私はトップスターと仕事をするときはいつも弟子たちと一緒だが、他のビューティーサロンでは珍しいことだそうだ。

メイクアップ・アーティストにとって、自分が担当する芸能人は一種の資産のようなものだ。そのため、トップスターをスタッフの手にまかせるオーナーはなかなかいない。スタッフが別のサロンに移ったり、独立したりする際に得意客を奪われる恐れがあるし、芸能人の立場からすると、オーナー以外のスタッフがメイクアップを担当するのは厚遇されていないからだと誤解する恐れがあるためだ。

しかし、私の考えは違う。弟子が独立して、自分が担当したトップスターを連れて行ったことがなかったわけではない。それでも私はその弟子に機会を与えたことを後悔していない。スターが数人離れたからといって、自分のポジションが揺らぐことを恐れたりもしない。大変な苦労をしてここまでやってきたから、自分の弟子にはそんな思いをしてほしくないのだ。オーナーぶって、最高のチャンスを独占するつもりはない。弟子に光輝くはしごを下ろしてあげられるなら、喜んでそうしたいと思っている。

私が直接メイクアップしないことに不満を抱く芸能人も今まで見たことがない。私が重要な仕事をまかせるほどの弟子であれば、性格がよくて才能もある。時間をかけて少しずつ弟子が手掛ける仕事を増やしていけば、相手も抵抗を感じることがない。私がノウハウと機会を弟子たちとシェアするのは〝善行〟ではなく〝人材養成〟だ。実力を高めて人脈を広げる機会を弟子に与えることによって、結果的にアカデミーとビューティーサロンのレベルを上げて評判を維持することができる。

こうした好循環の効果は、数年後にはっきりと表れた。

２００７年から私が留学で不在だった間もトップスターが離れていかなかった理由は何だろうか？　私のメイクアップの哲学とテクニックをシェアする弟子たちが均質で優秀なサービスを提供して、〝ジョン・センムルのいないジョン・センムル・インスピレーション〟を守ってくれたからだ。

私がいないという理由で会社が揺らぐとしたら、それは私がすごい人だということではない。会社のシステムに問題があるという証拠だ。ジョン・センムルがいなくても順調に回る会社は、それだけシステムがうまく構築されており、代表理事である夫とスタッフたちが私の役割をこなしているということだ。

最近は二人の子どもたちと一緒に過ごすために仕事を減らしているが、このシステムに助けられている。もし私がすべてのチャンスを握りしめて離そうとしなかったとしたら、仕事のせいで子どもたちの顔を見られない日がもっと多かったことだろう。誰かとチャンスを分かち合おうとして始めたことが、私の負担と業務を分担してくれるという感謝すべき結果を生んだというわけだ。

新しいものを一つ得るために、古いものを一つ捨てる

数年前、北米でのファンサイン会でとても驚くべき経験をした。お金がなくてメイクの勉強ができなかったが、私のユーチューブを見ながら熱心に勉強して、今はメイクアップ・アーティストとして働いているという人々がたくさんいたのだ。花束を持って訪ねてきて、感謝していると言いながら涙を流す女性もいた。私のしたことが、誰かにとって一世一代の機会になったという事実にただただ驚いた。私はとても小さな種をふうっと飛ばしただけなのに、それが山を越え、海を渡って、誰かの小さな庭に美しい花を咲かせたかのようだった。

ユーチューブを始めたとき、周囲の人々によく心配された。

「一銭もお金をもらわないで、あなたのノウハウをすべて公開しても大丈夫なの？　営業秘密でしょう。あなたの動画を見ながら勉強して、メイクアップアートをする人もいるらしいじゃない」

私としても怖さがないわけではなかった。私のビューティーサロンを愛してくれる多くの人々に報いる思いで始めたが、度重なる研究と試行錯誤を経て手にした自分だけのノウハウを、一切の対価なしに不特定多数に公開してもいいのだろうかという不安もあった。

ところが、実に不思議なことが起こった。ノウハウを一つ公開すると、待っていたとばかりにすぐさま新しいアイディアが浮かぶのだ。私の頭の中に、使っても使っても尽きることのない財宝が眠っているかのようだった。自分の手にノウハウを握りしめているときはあえて新しいアイディアを考える必要はない。しかし、そのノウハウを公開することによって、手ぶらになったという切迫感が生まれて、頭がアイディアを生み出そうとするようになるのではないかと思った。こうした不思議な経験が続くと、私は悟った。新しいものを一つ得ようとするなら、古いものを一つ捨てなければならないということを。何かをいっぱいに握りしめた拳では、何もつかめないということを。

私は、講演とメンタリングのオファーをどうしても断ることができない。私の小さな善意が誰かにとっては大きな機会になるかもしれないと思うと、いくら忙しくても引き受けてしまう。

私がまた講演を引き受けたというと、夫や会社のスタッフはため息をつく。講演の準備と移動にかかる時間が馬鹿にならないだけでなく、聴衆の熱い反応に包まれた私は、講演を終えるとほぼ脱力状態になることが多いからだ。

最近は子どもたちと過ごす時間を増やすために、講演のオファーが入ってきても以前のように快諾するのは難しい。それでも「女性家族部青年女性メンタリング」だけは2015年から欠かさず続けている。時間も手間もかかるので、毎年「ふぅ。今年までにしよう」と思いつつも、翌年またオファーが入ってくると必ず引き受ける。目をキラキラ輝かせた若いメンティーたちの様子がありありと浮かんできて、とても断ることができない。

名前こそメンタリングだが、私がメンティーたちに大層なことを教えるわけではない。ただ、それぞれの心の中に小さなライトのスイッチがあるという事実を伝えるだけだ。そして、それに手を伸ばせと激励する。スクラップブックと人生ロードマップをつくって、自分が何を望み、どんな生き方をしたいのかということに気づかせてあげるだけで、彼らはそれぞれのスイッチをパチンと押して、心に明るい光を灯す。

世の中に一方的な関係はない。講演やメンタリングを通して、私はその平凡な真理をしみじみと感じる。なぜ、そんなにもキラキラ輝く瞳で私を見てくれるのか。むしろ私が称賛されて癒されているような気分になる。そんなときは「私が通ってきた暗いトンネルのような時間は、決して無意味じゃなかったのね。誰かのトンネルを照らす、小さなともし火くらいにはなれそうだ」という気持ちになる。

自分が今、少女期に夢見たようないい大人になれたのかどうかはよく分からない。でも、確実なのは、私がかつて素敵な大人たちからもらったぬくもりを誰かに伝えれば、誰かがそれをさらに温めて、また私に返してくれるという事実だ。

そんなふうにお互いを温め合い、頑丈なつっかい棒となって生きていくのが人生ではないだろうか。だから私たちは肩を組み、不安に震えたり恐れたりすることなく、一寸先も見えない毎日を一歩ずつ歩いていけるのだと思う。

世の中に小さなぬくもりをつくる

誰かの小さな好意が、自分にとって大きな助けになった経験を思い出してみましょう。

1

2

3

4

5

世の中に小さな手助けをするには、何から始めるべきか考えてみましょう。

1

2

3

4

5

Chapter 4

本当の幸せに近づく

別々に、そして、一緒に愛する方法

Chapter4

誰にでも輝く権利がある

Quotation

私はいつも
自分を特別な人間だと思っていた。
母と父がそう感じさせてくれたからだ。
――スティーブ・ジョブズ（アップル社創業者）

毎朝8時、世の中でいちばん気難しいクライアントと向き合う時間だ。天気予報に合わせて、頭からつま先までの全アイテムを慎重に選ぶ。

今朝は、クライアントの機嫌がかなりよさそうだ。よかった。この機を逃さないように、準備しておいた服を素早く取り出す。

ところが期待は外れ、クライアントは気に入らないといった様子で腕組みをして抵抗する。大韓民国のトップスターと向き合うとき以上に心血を注いだのに、一体何が問題なのだろうか。しかし、クライアントは自分の決定について詳しく説明をするタイプではない。好みははっきりしているが、その日のコンディションによって気まぐれも激しいということをここ数年間、十分に思い知らされてきた。

小さな二つの星が照らす私の日常

でも、大丈夫だ。こんなこともあろうかと、もうワンセット用意しておいたから。しかし、クライアントはまたイヤイヤとかぶりを振る。先ほどからじわじわと膨れ上がってきたイライラがついに爆発しそうになった瞬間、そばにいた夫が小さく咳払いをする。落ち着けという意味だ。なんとか心を鎮めて、何が気に入らないのか優しく聞いてみることにする。

「靴下」

靴下？　それくらいならどうってことない。すぐに別の靴下を用意すると、クライアントはやっと満足げな表情で服を着替えて玄関を出る。世の中でいちばん気難しいこのクライアントは、今年8歳になった私の長女アインだ。

今度は4歳の次女ラエルの番だ。お姉ちゃんより手がかからず、何を着せても文句を言わないし、いつも機嫌がいいほうだと思っていたが、それは勘違いだった。姉と一緒に幼稚園に行くようになると、ラエルもしだいに自己主張が強くなってきた。

先日、外食中にラエルが上着に食べ物をこぼし、服を着替えさせるために家に連れて帰ったことがあった。時間がなかったので、急いで着替えさせて再び家を出ようとしたが、ラエルはイヤイヤをして動こうとしない。

「ちがう、ちがう」

「何が違うの。ラエル、ママ忙しいのよ。すぐに出発しなきゃいけないの」

しばらくもめているうちに、ふと子どもが嫌がっている理由に気づいた。はいているズボンと新しく着替えた上着が合っていないのが気に入らないのだ。

あきれた。これも職業病なのか、私は子どもたちにも適当に服を着せることはない。バタバタしている状況でなければ、そのズボンにその上着は絶対に合わせなかっただろう。そのことにラエルがめざとく気づいたのだ。こうなったら仕方がない。クローゼットをひっかきまわして他の服を探すまでだ。

ときどき「あの子たちは誰に似て、あんなに気難しくて服にうるさいわけ？」と思わずぼやいてしまう。そのうちフフッと笑いが漏れる。誰って、私に似たに決まっている。私はいい加減な服装では出かけられない人間だ。子育てをしているうちに多少なまったが、もともとは頭からつま先まで完璧に身だしなみが整っていなければ、外出中ずっと気になってしまう性格だ。視覚だけでなく触覚も敏感で、いくら美しい服でも肌触りが少しでも悪ければ着られない。こんな私の性格をアインとラエルはそっくり受け継いでいる。

服にかぎったことではない。アインがふっくらした頬にもみじのような小さな手で念入りにローションを塗っているとき、ラエルが画用紙に大胆な色ですいすい線を描いているときも「誰が見てもジョン・センムルの娘だな」としみじみ思う。

二人の娘のおかげで、私は一日に数十回ずつ天国と地獄を行き来する。すやすや眠る二人の頭をそっと撫でていると、朝の大騒ぎのことはすっかり忘れて、今日一日、子どもたちにもっとたくさん笑いかけてあげればよかった、もっとたくさん目を合わせればよかった、という後悔が押し寄せてくる。

子どもたちがきゃっきゃっと笑い声をあげるとき、子どもたちが「ママ！」と私の胸に飛び込んでくるとき、太陽の下を駆け回って火照った子どもたちの頭に口づけするとき、私は世の中でいちばん幸せな人になる。いっそう元気で善良な人になりたいと思う。

私の人生の喜びであり希望、人生ロードマップを根底から揺るがした二つの小さな星、アインとラエルは、私が「心」で産んだ子どもだ。

ケープタウンで出会った一人の子どもに希望を見る

私は仕事中毒だった。無我夢中で前だけを見ながら走り続け、「そろそろ子どもを持つべきかもしれない」と、ふと立ち止まったときには40代序盤になっていた。それでも何の根拠もなく、決心さえすれば何人でも子どもを持てるはずだと思っていた。

むしろ周囲の人々に心配されて、まずは病院で検査を受けたほうがいいと言われた。病院では、年齢的に自然妊娠は難しいからと体外受精や人工受精を勧められた。流れで二度ほど不妊治療を受けたが、心がざわついた。神様がずっと前から用意してくださっている別の方法があるのに、私は見当違いなことばかりしているのではないかという気がしたからだ。

振り返れば、神はかなり前からその種を蒔いていた。２００５年1月末、会社のスタッフたちと南アフリカ共和国のケープタウンを訪れた。数年前から社員慰労のために実施していた〝インスピレーション・トラベル・プログラム〟の一環だ。

最初は数人のスタッフと共に簡素な旅をする予定だったが、女優キム・テヒの同行が決まったことで話が大きくなった。メイクアップ・アーティストとトップ女優がいるので、あとはフォトグラファーさえそろえば、どんな仕事でも可能になる。ちょうどこれを知ったファッション誌のエディターが、喜び勇んで写真家のチョ・セヒョンにオファーをした。こうしてケープタウン旅行は、あっという間にファッションポートレート撮影の出張になった。

ケープタウンに到着するやいなや、私たちが向かったのは旅行ガイドの家だった。キム・テヒがやってくるという知らせを聞き、現地の同胞40数人が私たちを待っているという。にぎやかな歓迎を受けて、食卓に料理がずらりと並べられていく中、突然玄関のほうからドタバタという物音と悲鳴が聞こえた。その直後、覆面をかぶった5〜6人の男たちが拳銃を持って押し入ってきた。拳銃は映画の中でしか見たことがなかったが、思っていた以上に大きくて威嚇的だった。頭の中が真っ白になり、何も考えられなくなった。

強盗団が私たちを取り囲み、てんでに大声で叫び始めた。頭上に手をあげろという男もいれば、所持品をすべて出せという男もいて、パニック状態になった。私たちの一行の一人が所持品を取り出そうとしてポケットに手を入れた瞬間、強盗が銃床で彼の頭を殴った。同時にまた別の一人がガラスのつぼで頭を殴られ、血を流しながら倒れた。現場は、韓国語と英語の叫び声と悲鳴が入り混じる阿鼻叫喚の巷と化した。

そして現金と貴重品を奪った強盗団は、私たちをトイレに閉じ込めて悠々と去っていった。

私たちは狭いトイレにぎゅうぎゅう詰めで立たされ、まともに呼吸すらできなかった。閉所恐怖症に襲われて、気が遠くなりそうだった。幸いにもガイドの息子がトイレの窓から抜け出してドアを開けてくれたおかげで、失神する前に脱出することができた。

こんなおぞましい体験をした後では、観光も撮影もする気になれない。警察の事情聴取が終わるやいなや帰りの航空券を探した。飛行機に乗れるのは3日後だ。その日までじっとしているわけにもいかず、とりあえず撮影をすることになった。車に乗ってロケ地へ向かう途中、車窓の先にマッチ箱のように軒を並べたコンテナが見えた。ガイドに聞くと、驚いたことに人が暮らす家だという。

旅行者にとってのケープタウンは、穏やかな風に吹かれながら美しい自然景観を楽しめる場所だが、現地の貧困層には厳しい生活の場だった。その皮肉な現実を改めて思い知らされた。到着初日に私を魅了した、山の中腹に位置する高級別荘を思い出すとなおさらだった。

これまで私は見たいものだけを見ようとしていたんだな、厳として存在するものから目を背けていたんだな。恐怖で真っ白になった頭の中が、再び満たされていくようだった。

さまざまな考えに耽っていると、いつしかロケ地に到着していた。無我夢中で仕事をしながらふと振り返ると、遠くに黒色人種の子どもが一人立っていた。3歳ぐらいだろうか。きちんとした服ではなく、藁か何かをスカートのように巻いていた。指を噛みながら私をじっと見つめて、目が合うとにっこり笑った。思わず背を向けて、子どもの笑顔をかわした。その無邪気な笑顔に応える自信がなかった。しかし、子どもは諦めなかった。私と目が合うのを期待して、粘り強く私を見つめながら立っていた。私と目が合うとにっこり笑い、また目が合うとにっこり笑って…。明るい笑顔をついに無視できなくなり、私も子どもに向かって笑いかけた。すると子どもは気さくに近寄ってきて、私の首にぎゅっと抱きついた。

子どもが小さな腕で私の首を包み込んだ瞬間、いきなり涙があふれた。何の見返りも望まないその小さな好意と抱擁が嬉しくて、自分の心の狭さが恥ずかしくなり、申し訳なさを感じたからだろう。この地で受けた心の傷を慰めるかのように、子どもはいつまでも私を抱き締めてくれた。そのとき、私ははっきり悟った。子どもが希望と呼ばれるゆえんを。その希望を私たちがどれほど大切にしなければならないかを。

子どもの抱擁が残したぬくもりは、ケープタウンにいる間ずっとマフラーのように私を包み込んでくれた。帰りの空港で、私は余ったお金をすべてユニセフ募金箱に入れた。そして帰国するやいなや、ワールド・ビジョンを通して紛争地域に暮らす恵まれない子どもたちの後援を始めた。未婚の母が子どもを育て続けられるよう自立を支援する活動のサポートも始め、暇さえあれば大韓社会福祉会で子どものお世話をするボランティア活動にも参加した。

後援する子どもの数が徐々に増えて十八人に達した年、新年の礼拝を終えた帰り道に夫が言った。

「今年は、ずっと考えてきたことを実践するのが目標なんだ」

「何を実践するの？」

「まずは、君と一緒に大韓社会福祉会でボランティア活動をしてみようと思う」

そんなふうに始めたボランティア活動で、私たち夫婦は運命のようにアインと出会った。ずっと前に神様が蒔いた種が、今まさに芽吹き始めたのだ。

Chapter4

一人の子どもの世界を変えることができるなら

Quotation

愛は、私が選択できるものではない。ただ私に近づいてくるものだ。

――キャサリン・ヘップバーン（映画俳優）

五人きょうだいの中でにぎやかに育った私は、大変な経験をした時期もあったが、いいことも多かった。家庭を持ったら子どもをたくさん産んで育てたいと思っていた。いや、産むだけではなく、何人か養子を迎えようと新婚当初から夫と計画していた。幸い、両家の親族も養子縁組に対する抵抗がなかった。

2003年から2018年まで写真家のチョ・セヒョンが大韓社会福祉会と共に開催した、養子縁組認識改善のための写真展「天使の手紙」の仕事に参加したのも、そんな理由からだった。キム・テヒやイ・ヒョリ、コン・ヒョジンらが養子縁組を待つ赤ちゃんたちをぎゅっと抱き締めてカメラの前に立つ姿を見れば、誰しも複雑な思いが頭の中を駆け巡る。大人の助けがなければ片時も生きられないこの赤ちゃんたちを誰が世話するのだろう？　この世に必要のない命などない。尊い命を持つこの子たちが、価値ある人生を幸せに生きるにはどうすればいいのだろうか？

子どもを育てながら世の中を変える力を得る

そのときは夢にも思わなかった。数年後の2014年、私がメイクアップ・アーティストとしてではなく、養子縁組家族としてチョ・セヒョン氏のカメラの前に立つことになるなんて。今でもアインに初めて会った瞬間がありありと目に浮かぶ。当時、夫と私は大韓社会福祉会で新生児のお世話をするボランティア活動をしていた。幅広い年齢層の子どもたちをお世話したかったが、職業病の五十肩でも無理なく抱っこできる新生児を中心に面倒をみることになった。まさにそこで生後1カ月のアインと初めて出会った。

アインを見た瞬間、びっくり仰天した。夫の幼い頃の顔と似すぎるほど似ていて、誰が見ても瓜二つだった。帰宅してからも興奮が鎮まらなかった。まるで我が子をそこに置いてきてしまったかのように不安だった。すぐにでも駆けつけて抱き締めたかった。夫の様子をうかがうと、私と同じようにそわそわしている。いつか養子を迎えたいとは思っていたが、具体的な計画は立てていなかった。しかし、その子を見たとたん、夫と私は悟ったのだ。神様が決めた我が子だということに。

そして2013年2月、アインは私たちの家族になった。養子縁組の手続きをして子どもを引き取るまでには多少時間がかかる。しかし、私たちがボランティア活動をしていたことを勘案して、大韓社会福祉会が委託母という資格で子どもをすぐに引き取れるように手配してくれた。施設で過ごすより、一日でも早く家族の元で育つほうが子どもの成長発達にいいという理由もあった。

アインを初めて我が家に連れてきた日のことは、決して忘れられない。3キロを少し超える小さな生命がやってきただけで、家の中の空気が一変したかのようだった。むずがる声、手足をバタバタ動かす姿、小さな手と足の指のすべてが神秘的で美しく、感動的だった。

一方では、何事にも不安がつきまとい、用心深くなった。赤ちゃんが寒いのではないかと思って暖房を入れたものの、今度は暑すぎるかもしれないと不安になって消す。空気が乾燥している気がして加湿器をつけると、湿度が高すぎるのではないかと心配になった。粉ミルクを飲ませていても、おむつを替えていても、赤ちゃんが泣くと、私は子どもの気持ちを察することもできないダメなママだという気がして涙が出た。

夫は私以上だった。いびきをかくのでアインとは別の部屋で寝ていたが、明け方の授乳時間になると粉ミルクを飲ませるためにやってきた。赤ちゃんを抱っこして目を合わせる時間が一日の中でいちばん幸せだと言っていた。授乳をしながら感極まって涙をぬぐう姿を何度も見た。そのとき知った。夫には深刻な〝親ばか〟気質があることを。

40代序盤、世の中のことはだいたい分かっていると思っていたが、アインを育ててみると、そうではなかった。風に揺れる花びらを見ても、窓際でしきりに鳴く鳥の声を聞いても、それがアインにはどんなふうに見え、どんなふうに聞こえるのだろうと気になった。アインが歩き、走って転んで、しゃべって笑って泣く瞬間のすべてを、私もヒヤヒヤしたり歓喜したりしながら、笑って泣いて、共に過ごした。そんなふうに私と夫は親になっていった。

２０１７年、４歳になったアインはきょうだいを欲しがるようになった。口さえ開けば「ママ、妹を産んで」と言う。最初は、幼稚園で出会う年下のお友だちがかわいくて物珍しいからだろうと思っていた。しかし、養子縁組の先輩たちによると、いくら両親が愛情いっぱいに育てても、子どもの心を完全に満たすのは難しいことだという。子どもがいちばん大きな癒しと連帯感を感じる相手は両親ではなく、共に養子縁組されたきょうだいなのだそうだ。確かに、きょうだいとは本来そんな存在ではないだろうか。とくに女性にとっては、年をとればとるほど姉妹が大きな力になるものだ。

それに、夫と私はいつかまた養子を迎えようと決めていた。ちょうどアインも妹を強く欲しがるようになったので、今こそが二人目の養子を迎えるのにぴったりのタイミングなのではないかと思った。

夫と私は二人目の子どもの親になるために再び父母教育を受け、必要な書類を提出して、面倒な行政手続きに取り組んだ。こうして長く待った末に出会った子どもがラエルだ。

ラエルは、見ているだけで気分がよくなってくるような子だ。エネルギッシュでいつも楽しそうにしている。勇敢で行動力があるので、ケガをすることも多い。４歳上の姉のことが大好きで、アインのすることなら何でも真似しようとする。アインとラエルがぎゅっと抱き合って眠る姿を見るたびに、「食べなくても満腹だ」という言葉を実感する。

私たち夫婦は、今日も神に祈る。二人の子どもを元気に育てて守る力を与えてくださってありがとうございます、二人の子どもの世界を変える力をくださったことに感謝します、と。

心で産んだ二人の娘への愛

「ママ、私とラエルはママのおなかから出てきたんでしょ？　私を産んだとき、すごくおなかが痛かった？」

6歳になったアインにこう質問されたとき、夫と私は少なからず慌てた。子どもに嘘をつきたくはなかったが、養子であることを伝える勇気もなかった。幼いアインがこの事実をうまく受け止められるかどうか確信が持てなかっただけでなく、私たちもまだ心の準備ができていなかった。とくに夫は、アインが自分は養子だと聞いてどんな反応を見せるか、どんな表情を浮かべるのかを想像するだけで胸が張り裂けそうだと言った。

夫に比べると、私のほうがやや冷静にこの問題に向き合うことができた。ロールモデルでありメンターである女優シン・エラの助言が大きな力になった。よく知られているように、シン・エラとチャ・インピョ夫妻は養子縁組した二人の娘を育てている。以前、彼女の自宅に招待されたとき、二人の娘イェウンとイェジンがアインに家の中を案内してくれた。家中あちこちに子どもたちが思いきり遊べるような工夫が施されていた。なかでも、壁にかけられた子どもたちの幼い頃の写真のコラージュが印象的だった。

イェウンとイェジンは毎晩眠りにつく前に、自分を生んでくれた両親のために祈るという。育ての母であるシン・エラにもよく手紙を書くそうだ。子どもたちが書いた手紙には、私を引き取ってくれてありがとう、ママがお母さんになってくれてとても嬉しい、自分が養子縁組されたことは奇跡だと思うと記されていた。イェウンとイェジンが生みの親を恨むことなく、育ての親を心の底から受け入れるまでに、シン・エラ夫妻がどれほどの努力をしてきたのか、私には想像することすらできない。

シン・エラはいつもこう言う。子どもが出自について知りたがるのはしごく当然のことであり、両親は嘘をついたり避けようとしたりせずに、可能な限り詳しく答えてあげなければならない。その言葉どおり、養子縁組は隠すことではない。子どもが傷つくかもしれないと親が先回りして事実を隠そうとすると、かえって大きな痛みを生む恐れもある。とくに、思春期に養父母以外から養子であることを聞かされた場合、子どもが受けるショックと喪失感はいっそう大きくなるという。

こうした事実を知ってはいても、実際に子どもに対して「あなたには生みの親がどこかにいて、私たちはあなたを心で産んだのよ」と伝えるのは簡単なことではない。その言葉が心にどんな波紋を起こすかは、子どもの性格や気質、状況とその日の雰囲気によって異なる。

ときどき、こんなことを考える。子どもたちはもちろん、世間をすっかり欺《あざむ》くことができたらどんなにいいだろう。アインとラエルを自分の子どもではないと思ったことは一瞬もないが、養子であることを誰にも明かさずに育てていくことはできないだろうか…。

しかし、人里離れた山奥でこっそり育てたとしても、子どもたちはいつかどこかで出自について聞くことになるだろう。だとしたらシン・エラの言うとおり、両親が直接、子どもがもっとも受け入れやすい形で事実を伝えるのが唯一の解答だ。

養子であることを隠すまいと決めた後、娘たちへの愛情はいっそう深まった。生みの親にも感謝の心を持つ子どもとして成長していけるように、ありったけの心で包み込んで育てていこうと決心した。

Chapter4

より深く愛した人のほうが幸せだ

Quotation

愛とは自己犠牲だ。これは偶然に依存しない唯一の幸福だ。
——トルストイ（小説家）

アインが生まれた当時のことを知りたがり、私たちを質問攻めにするようになると、これ以上宿題を先送りするわけにはいかなくなった。シンガポールへの家族旅行の初日に話をしようと決め、少しずつ準備を進めていった。まず、アインに一冊の絵本を読んで聞かせた。子どもの目の高さで養子縁組を描いた、グレース・リンの『赤い糸』という絵本だ（残念ながら、絶版のため現在は入手困難だ）。

昔むかし、大きな国を治める王と王妃がいた。二人とも原因不明の裂けるような胸の痛みに苦しんでいた。ある日、商人がやってきて、その痛みは王と王妃の胸から出ている赤い糸を何かが引っ張っているせいだと言い、二人にメガネを渡す。メガネをかけた王と王妃は、自分たちの胸から出ている赤い糸を見ることができるようになった。二人は赤い糸をたどって、遠く険しい旅路につく。赤い糸は小さな村の小屋、愛らしい赤ん坊が眠るゆりかごの中へと続いていた。王と王妃が赤ん坊を王国に連れ帰って育てると、胸の痛みはすっかり消え、喜びと幸せでいっぱいに満たされたという。

娘よ、私たちは赤い糸をたどって、あなたに出会ったの

「アイン、ママもパパもメガネをかけてるでしょ。このメガネをかけて、赤い糸をたどっていったところにアインがいたの。ママとパパは、そうやってアインと出会ったの」

私が慎重に話し終えると、アインは首をかしげた。

「じゃあ、私はママのおなかから出てこなかったの？」

「うん、アインを産んでくれたママはどこか別のところにいるよ」

「じゃあラエルは？　ラエルはママが産んだの？」

「ラエルもママとパパが赤い糸をたどって見つけた赤ちゃんよ」

アインは自分が知っている子どもたちの名前をすべて挙げながら「どこから出てきたの？」と尋ねた。幸い、私たちの周りには養子縁組の家族が多かった。

「そう、〇〇も□□もアインとラエルみたいに赤い糸をたどって見つけた赤ちゃんだよ」

アインはそのとき初めて納得したようにうなずいた。アインがこの話をどこまで理解できたのか、私には分からない。もしかしたらアインにとっては難しすぎる話だったかもしれない。これから訪れる数多くの夜の中で、アインはこの日のことを思い出すだろう。赤い糸の話をする私の声と表情、雰囲気を回想するだろう。ひょっとしたら、波紋はそのときになって徐々に広がっていくのかもしれない。アインがまったく痛みを感じないことを期待しているわけでは

ない。ただ、この日のことを振り返ったとき、自分がどれほど愛されているか、私たち夫婦にとってどれほど大切な存在であるかを同時に思い出してくれることを願うばかりだ。

幼稚園の先生によると、アインは友だちに「私にはママが二人いるの。産んでくれたママと今のママ。今のママは私を心で産んだの」と平然と話していたそうだ。友だちもアインの話をおかしなことだとは思っていなかったという。子どもたちはまったく先入観を持たずに、養子縁組家庭をさまざまな家族の一つの形として受け入れている。色メガネをかけているのはいつだって大人たちだ。

育児8年目、毎日が新しくて幸せだ

大学生を対象に講演をしたことがある。質疑応答の時間に、一人の学生から「メイクアップ・アーティスト、事業主、ビューティーサロンのオーナー。この三つのキャリアの中で、何がもっとも重要ですか？」と聞かれた。

「その三つの中に、今の私にとってもっとも重要なものはありません。私は今、二人の娘を育てています。いい母親になることが、私にとってもっとも重要な目標です」

質問をした大学生が戸惑いの表情を浮かべた。確かに、ビジネス・メンタリングの終わりにこんな結論が出るとは私も思っていなかった。私はもう少し説明を補足した。

「もちろん、会社をしっかり率いていくことも大切です。でも、社員の一人ひとりが会社のために熱心に働いています。彼らがやりがいを持って働けるようにサポートするのが私の仕事です。それさえできれば、会社はきちんと回るようになっています。でも、子どもたちはそうではありません。私の助けが必要な年齢です。だから今は家庭が最優先で、家庭こそが芸術であり、事業はその次です」

最初からこんな考えを持っていたわけではない。アインを養子に迎えてからしばらくは育児を完璧にこなし、仕事も以前と変わりなくやろうと全力を尽くした。しかし、夫の考えは違っていた。

「子どもはすぐに大きくなる。あとからどれだけ後悔したって、この大切な時間を取り戻すことはできないよ。だから、アインが僕たちを必要とする時期はそばにいよう。仕事優先で、子どもが後回しになることは絶対にあってはならない」

夫は「二人とも仕事の時間を減らして、朝と夕方の時間は子どものために空けておこう」と言った。夫の言葉は正しいが、これまでワーカホリックな人生を送ってきたうえに私たちはオーナーなのに、そんなことが本当にできるのか不安だった。しかし、可能だった。私たち夫婦が仕事を減らしたら会社は大混乱に陥るだろうと思ったが、そんなことにはならなかった。能力ある社員たちがそれぞれのポジションで責任を全うしてくれたおかげだ。

私たちは、すべてのスケジュールを二人の子どもに合わせて生きている。ミーティングの大部分は午前中に終わらせて、それでも結論が出ないことがあればオンライン会議に変える。海外出張やプロジェクト撮影で数日間家を空けるとか、深夜に帰宅する日を除いては、必ず定時に退勤して子どもたちと夜のひとときを過ごす。

年をとってから親になるというのは、楽なことばかりではない。子育てをめぐって夫婦喧嘩をすることもある。よくある話のように、父親が育児に非協力的だからではない。むしろその逆だ。夫は何事においても察しがよく、敏感で洞察力が高いタイプだ。私はメイクアップ・アーティストとしては誰よりも鋭利だが、その他のことにはやや無関心で鈍い。夫はいつもそのことに不満を抱いている。私が子どもたちに対してもっと鋭敏に反応し、もっと繊細に面倒をみることを願っている。

ときには教育方針の違いで言い争いになることもある。夫はどんなときも子どもたちをかばおうとする。そのうち子どもたちが自ら気づきを得るだろうという考えの持ち主だ。

一方、私は教えるべきことは教えようという主義だ。経営哲学や人生観については大きな食い違いのなかった私たちが、子どもたちの問題をめぐっては唯一ぶつかり合ってしまうのが不思議だ。ときには争い、ときには歩み寄りながら、私たちは親になっていっている。

アインは最近、新体操を習っている。大会に出場して、何度か入賞もした。大会の日がやってくると、私はアインと友だちの専属メイクアップ・アーティストになる。ママ友には〝ハイクオリティな才能の無駄遣い〟とからかわれるが、自分がメイクアップ・アーティストであることに誇りと喜びを感じられる機会がまた一つあったようだ。

私はこんなに幸せなのに、思い返せば周囲から祝福の言葉を聞いた記憶がない。妊娠して出産した人には誰もが「おめでとう」と言うが、養子をもらって育てる人には「すごい」と言う。「養子を二人も？　本当にすごいですね。いい行いをしましたね」

こういう言葉を聞くと、落ち着かない気分になる。我が家も他の家庭と変わりなく平凡だ。子どもたちがいるから笑い、子どもたちがいるから疲れを忘れ、子どもたちがいるから明日を生きる力を得る、すごいことなど何一つない平凡な家庭だ。だから「すごい」という言葉の代わりに、ただ「おめでとう」と言ってもらえたら嬉しい。

もっと幸せになるための〝休止〟の時間

あの日、私の答えにがっかりした大学生もいたかもしれない。キャリアや事業よりも家庭優先という私の言葉が、時代錯誤的で保守的に聞こえたかもしれない。女性オーナーとしてもっと進取的な答えを期待していたとしたら、余計にそう感じられたことだろう。

私の人生ロードマップには、相変わらず多くの夢が星のように刻まれている。私はさらに多くのことに挑戦し、また成し遂げていくだろう。でも今は、私の胸にある小さな二つの星があまりに明るく美しいので、我を忘れて眺めているところだ。この星たちのおかげで人生ロードマップの一部を描き直し、いくつかの夢は少し回り道をすることになったが、それでもかまわない。私は今、人生でもっとも美しい星の光と共に歩んでいるところだから。

人生のある時期においては、大切なものを守るために、あるいはもっと遠い道を目指すために、しばらく立ち止まらなければならないことがある。しかし、その休止は停滞ではない。私たちに前進する理由を見つめ直させてくれ、新たな成長のための準備をさせてくれる。この世でもっとも美しい二つの星と共に過ごす、私の現在もそんな時間だ。

Chapter4

偶然は切実さに呼ばれてやってくる

Quotation

人生は私たちが何をして生きてきたのかの合計ではなく私たちが何を切実に望んできたかの合計だ。

——ホセ・オルテガ・イ・ガセット（哲学者）

高校卒業後、私はデパートの店員やベビーシッター、レストラン補助など、さまざまなアルバイトを転々とした。家族の暮らしを支えるために手当たり次第に色々な仕事をしたが、どの職種にも興味や熱意を抱くことができなかった。

そんな中、ある人がメイクアップ・アーティストという職業があると教えてくれ、人の顔にメイクをする専門家がいることをそのとき初めて知った。聞いた瞬間、胸が高鳴った。キャンバスではなく人の顔にアートをするという違いがあるだけで、メイクアップアートとファインアートはかなり似通っているように思えた。今までやってきたどんな仕事よりも、楽しくうまくやれる自信があった。

わくわくしながらメイクアップ・アーティストになる方法を調べてみると、化粧品会社が運営する〝チャームスクール〟というところに通わなければならないという。でも、チャームスクールに入学するお金がなかった。お金を稼ぐために勉強をしようとしているのに、お金がなくて勉強すらできないなんて…。

それまで何とか持ち堪えてきた心がぐらついた。スクラップをして、長所・短所ノートを書きながら、もっと素敵な人になろうと夢見てきたのに、私を取り囲む環境はなぜちっともよくならないのだろう。私はこんな境遇から永遠に抜け出せないのではないだろうかと恨めしくなった。

小さな善意が起こす奇跡

そのとき、私に奇跡が起こった。何の希望も見つからず、打ちひしがれて何とか息だけをしていた頃、でたらめな劇作家の書いた台本みたいに可能性も伏線もなく、突然それは起こった。ある日、母が道ばたで女子高時代の同級生に再会した。会ったのは本当に偶然で、おまけに約20年ぶりだった。あまりにも嬉しくて、歩みを止めてあれこれとお互いの近況を話しているうちに、ふと私のことが話題にのぼったという。

「うちの双子の次女がせっかく自分のやりたいことを見つけたのに、それを勉強するお金がなくてお手上げ状態なの」

「いくら必要なの？　大金じゃなければ、私が助けてあげられるかも…」

切羽詰まっていた母は、恥を忍んで同級生が差し出してくれた救いの手をつかんだ。こんな嘘のような幸運と善意に恵まれて、私はチャームスクールに入学した。

チャームスクールのコースを首席で終えた私は、本格的に仕事の現場に飛び込んだ。幸い、私の周りには大学の演劇映画科に通う友だちが多かった。端役にキャスティングされた数人の俳優にメイクアップをすると、しだいに芸能人の顧客が増えていった。やがて女優のイ・スンヨンと出会い、〝スターメイクアップ・アーティスト〟と呼ばれるようになり、いつの間にか清潭洞《チョンダムドン》にビューティースタジオを開くまでになった。私に授業料を貸してくれた方のご子息が結婚したときは、このスタジオで私がブライダルメイクをして差し上げた。

改めて考えると、その方とのご縁はすべてが奇跡のようだ。日頃から親しくしていたわけでもなく、約20年ぶりに会った仲なのに快くお金を貸してくれたのも信じがたいことであり、私がその助けによって一人前となり、ささやかな恩返しができたことにも感謝している。

万一その助けがなかったとしたら、私はどうなっていたのだろうか。その方の善意のおかげで、私は新米時代に侮辱されても深手を負うことなく、他人と自分への信頼を失わずに今日まで仕事を続けてくることができた。もっとも切羽詰まっていたときに突然舞い込んで私を救ってくれた小さな奇跡、驚くべきことに私はこんな奇跡をその後も何度か経験した。

偶然はどんなふうに運命になるのか

アインに初めて会った瞬間から、私たち夫婦は運命を直感した。幼い頃の夫と似すぎるほど似ていたアインは、誰が何と言おうと、うちの娘になるべき子どもだった。

アインという名前をつける前、私たちは子どもを〝サラン〔韓国語で「愛」の意〕〟という名で呼んでいた。やがて正式な名前をつけようということになったが、なかなか気に入る名前が思い浮かばなくて悩んでいた。夫は私の名前を取って、〝センムル〟にしたいと言った。その気持ちはありがたかったが、韓国では娘に母親の名前をつけるケースが多くないため、やや負担に感じた。

しばらく悩んだ末、知人に協力を求めることにした。そのとき、私たち夫婦がほぼ同時に思い浮かべた人がいる。友人であり信仰のメンターだったチョン・グンジンだ。彼はシカゴ音楽学校の校長であり、クラリネット奏者で、私たち夫婦とはお互いの家族のために祈りを捧げる親しい仲だ。

彼にお願いしようとして携帯電話を手に取ったとたん、突然、携帯電話がぶるぶると震えて液晶に〝チョン・グンジン〟という名前が表示された。私たちが彼を必要とした瞬間、嘘のように彼から電話がかかってきたのだ。驚いた心を何とか落ち着かせて、電話に出た。いつものように近況を尋ねる彼に、我が子の名づけ親になってほしいと頼んだ。彼はしばらく言葉を失い、かすれた声で自分にこんな依頼をしてくれてとても嬉しいと言った。

20分ほど経った後に、再び彼から電話がかかってきた。聖書の中から、よさそうな名前をいくつか選んでみたという。その中の一つが〝アイン（Ayin）〟だった。最初の意味は〝神様の瞳〟、そして二つ目の意味は〝尽きることのない湧き水（韓国語で「センムル」）〟だった。アインという名が持つ意味を聞いたとたん、夫と私は軽く体を震わせた。娘の名前をセンムル（湧き水）にしようとしていたという話を口にしたこともないのに、彼はなぜこの名前を選んで私たちに教えてくれたのだろう。実に驚くべきことだった。夫も私も、これ以上、他の候補について聞く必要はないと思った。我が子の名前は、絶対に〝アイン〟だった。

アインと関連して、偶然にしてはあまりにも驚いた出来事がもう一つある。夫はアインに「パパ」と呼ばれるたびに、いつか養子縁組の事実を明かす日のことを心配した。その瞬間を想像するだけで胸が張り裂けそうだと言った。そんな中、女優のシン・エラがテレビ番組で自分が養子に迎えた娘たちの話を聞かせてくれた。彼女にも私たちと同じ悩みを抱えた時期があったが、細やかな配慮と揺るぎない信頼によって無事にその時期を乗り越えたという。

養子縁組は当事者である子どもに隠さなければならないことではなく、隠していいことでもないと語るシン・エラからは、世の中に対して厚い信頼を抱く人特有の安定感と自信がにじみ出ていた。彼女に会いたいという気持ちが募った。会って、助けてほしいと言いたかった。しかし、当時の私はシン・エラとはまったく親交がなかった。一度も顔を合わせたことのない人にむやみに助けを乞うこともできず、困り果てるだけだった。

翌日、私は頭の中で彼女に連絡を取る方法をあれこれ考えながら、アインを抱っこひもで抱いて買い物をしていた。エスカレーターに乗り、ゆっくりと食品コーナーに向かって降りていたとき、階段の下に立つ白いワンピース姿の女性に目を奪われた。よく見ると、驚くべきことにシン・エラだった！　私は何かに取りつかれたように彼女に近づき、いきなり手を握った。

シン・エラが驚いて私を見つめた。そのときようやく正気に戻った私は、マシンガンのように話し始めた。

「あの、シン・エラさん、驚かせてしまって申し訳ありません。私はメイクアップの仕事をしているジョン・センムルといいます。この子はアイン。私が養子に迎えた娘です」

幸いなことにシン・エラは「まぁ。私、センムルさんのこと、知ってますよ」と言ってくれた。同時に、私の胸に抱かれたアインにも優しく挨拶をした。こうして奇跡のようにシン・エラと私の付き合いが始まった。その場で連絡先をやりとりした私たちは数日後に改めて会い、すぐに姉妹のような打ち解けた仲になった。

シン・エラと初めて会った日、夫に電話をかけて、この驚くべき偶然を伝えた。夫は最初、そんなことが起こるはずがないと言って、信じようとしなかった。事実だということを確認してからも、まだ信じられない様子だった。

「こんな偶然が起こるなんて。神様が私たちのために準備してくださっていたんだろうね。それ以外に説明がつかないよ」

信じがたい偶然が何度も重なれば、それは偶然でなく運命になる。私たち夫婦は、アインを〝神様がずっと前から、私たちのために準備してくださっていた運命のような子ども〟だと受け止めた。そして、その運命をもたらしてくれた神に毎日感謝の祈りを捧げている。

運のよさだけで手に入るチャンスはない

先日、ＫＢＳの育児バラエティ番組『子供のための国はある』に出演して、二人の娘が養子だという事実について話したところ、インターネット上の悪質なコメントに苦しめられた。いつもほとんどコメントを読まないのに、偶然いくつかの悪意ある文面を発見してしまった。「子どもを売って商売をするつもりか」という低レベルなコメントは気にする価値すらなかったが、「養子縁組の事実を公開するとき、子どもたちの同意を得たのか」というコメントはまさに骨に沁みるほど痛かった。

養子縁組の事実を当事者である子どもに知らせることと、世間に公表するのはまったく別の問題だ。養子縁組について健全な認識をもつ社会では悩む必要のない問題だが、周囲に養子縁組の事実を知らせるときはいっそうの配慮と慎重さが要求される。子どもが同意したとき、子どもが望む相手だけに明かすのがもっとも望ましい。

しかし、ジョン・センムルの子どもたちには選択の余地がない。養子であるという事実を隠したくても隠す手立てがない。この状況で私にできることは何だろうか？　我が子を守ると言いながら、口を閉ざして隠れて生きるのがベストなのか？

そうではない。それよりは、微弱であっても私が持つ影響力を使って、養子に対する偏見をなくすために努力するほうがずっといい。私の周りだけでも、私たち家族が暮らす姿を見て養子縁組を決めた人が二人もいる。ある意味では、アインとラエルが二人の子どもの新しい家庭と両親を見つけたというわけだ。

こうした考えをしっかり持ち続けていても、その日は悪意あるコメントのせいで心が乱れっぱなしだった。心身ともにつらくて今にも倒れそうだったが、子どもたちを寝かしつけてから、いつものように聖書アプリを開いた。そして、そこに書かれた言葉を読んで、わっと泣き出してしまった。

「どのような武器があなたに対して作られても何一つ役に立つことはない。裁きの座であなたに対立するすべての舌をあなたは罪に定めることができる。これが主の僕《しもべ》らの嗣業わたしの与える恵みの業だ、と主は言われる」（イザヤ書54章17節）

偶然開いた聖書アプリの中から、どうしてこんな言葉を発見できたのだろうか。誰かがすぐそばで私の心を覗いていたかのようだった。自分の人生とはいえ、起こることのすべてをコントロールできるわけではない。自分の意志や努力とは別に、不思議な力が作用することが必ずある。人はそれを〝神様がなさったこと〟と言い、またある人は〝奇跡〟だと言い、また別の人は単なる〝幸運〟あるいは〝偶然〟だと言う。

一つ確かなことは、切実な思いがなければ何も期待できないということだ。母の女子高時代の同級生が、女優のシン・エラが、偶然開いた聖書の一節が私にとって奇跡になったのは、それだけ当時の私が切実だったからだ。人生が変わることを、自分がさらに強くなることをそれだけ切実に望んでいたからだ。

自分にできるかぎりの最善を尽くし、結果は天にまかせるしかない状況になったとき、勝つのはいつも切実な人だ。切実に望み、祈る人が勝つ。

人生ロードマップに刻んだ夢がついに叶う、その魔法のような出来事も、結局は切実さがつくり出すものだ。ただ運がいいというだけで得られるチャンスはない。切実さの呼びかけがなければ、偶然の機会は決してやってこない。ひとえに熱望と切実さだけが私たちに機会をもたらしてくれるのだ。

Chapter4

一人で見れば夢だが、一緒に見れば現実になる

Quotation

私はこの地上にパラダイスをつくる仕事がどれくらい簡単なのか見せてあげたかった。

――フリーデンスライヒ・フンデルトヴァッサー（建築家）

仕事と家族旅行を兼ねて、ときどきシンガポールを訪れる。シンガポールは多様性を尊重する文化がとても印象的な場所だ。アインが通う英語キャンプ一つとっても、それが感じられる。子どもたちがはしゃいで駆け回りながら遊ぶ中、一人の子どもが座ってヘッドフォンをはめていた。聴覚刺激にとりわけ敏感な子を保護するために、教師が防音イヤーマフを提供したという。その子だけでなく、どの子どもも性向に合った適切な対応を受ける。子どもが百人いれば、百通りの方法で面倒を見るのだ。

食事のメニューは言うまでもない。専門の教員が子どもの食物アレルギーの有無、服用している薬の有無を尋ね、避けるべき食べ物をチェックする。カフェテリアで提供される料理にはすべて成分表示がついていて、アレルギーセクションも別途管理されている。

個性と多様性が尊重される世界を夢見て

先日、新聞で感動的なニュースを読んだ。4歳の自閉症児ブランドンが飛行機の中でパニッ

クを起こし、前の座席を蹴ったり床に寝そべったりして大騒ぎしたが、乗務員と乗客は目的地に到着するまで彼を優しく気遣ったという。ある乗客がブランドンの両親に手渡したメッセージには、こう記されていた。

「あなたがた一家は愛されています。他の人々の迷惑になるとは絶対に考えないでください。息子さんは祝福です」

このように個人の性向を認めて受け入れる社会で育った子どもは、誰かを排斥《はいせき》することも差別することもせず、多様性を尊重する大人になるに違いない。そして、自分が子どもを持ったときもそんなふうに育てていくことだろう。

残念なことに、韓国社会にはそうした成熟した文化が完全には定着していないようだ。私は感覚が鋭敏なほうなので、大人たちからいつも選り好みが激しくて気難しい子だと叱られながら育った。あまりにもそれが続くと、つらくて不便でもひたすら耐える癖がついた。

もう30〜40年も昔の話だが、今もこの社会には誰かが自分と少し違うだけで、レッテルを貼って排斥する雰囲気が残っている。これを免れるには、私がそうだったように、自分を出さないようにするしかない。自分を押し殺して憎み、認めずにいなければいけない。

私は毎年5月になると、不安と苛立ちを感じる。韓国では〝家庭の月〟と呼ばれ、幼稚園でも1カ月間、家庭と家族をテーマとした授業が行われるが、「両親と子どもで構成された血縁家族」だけが典型例とされることが多いからだ。養子縁組家庭、再婚家庭、ひとり親家庭、祖父母家庭、多文化家庭などは授業でほとんど扱われない。そのため、いわゆる〝正常な家族〟に含まれない子どもたちが疎外感を抱いて傷つくのではないかと心配になる。

我が子が通った幼稚園は、幸いなことに教師と保護者間の信頼が厚く、コミュニケーションがうまくいっているので、先生たちによく相談をしていた。家族関連の授業のとき、アインはどんな反応をしているのか、クラスの友だちがアインをどんなふうに見ているのかを聞いて、アインが疎外感や違和感を抱かないように多様な家族形態を扱ってほしいとお願いもした。外国に行くたびに家族の多様な形態を扱った絵本を買ってきて、幼稚園に寄贈したりもした。こうした努力の甲斐があったのか、アインも友だちも養子縁組家族に対して健全な認識を持っているようだ。

多様性を認めない社会では、人材像も画一的にならざるを得ない。こうした内容を取り扱ったドキュメンタリー番組で印象的な話を聞いた。「テトリスをするとき、ずっと同じブロックが落下してくれればゲームは終わる。でも、いろいろなブロックが出てくれれば、隙間を埋めて列を消すことができる」

この話のように、私たちの社会もテトリスゲームに似た面がある。多様な価値と趣向を認めない社会は、同じブロックが山積みになったテトリスゲームのように危機に処するしかない。個人の見解と趣向を尊重する社会だけが健全に発展することができる。

一人ひとりが自分にできる努力をするだけでも、世の中は少しずつ変わる。多様性を尊重する社会をつくるために、私ができることは何だろうか？　この問いが私をパーソナルカラーと固有の美しさに注目させたようだ。私は職業柄、流行に敏感な人にならざるを得ないが、いつも固有性を優先している。自分をよく知らないままむやみに流行を追うのと、自分を理解して流行を取り入れることには、天と地ほどの差がある。

自分の固有性を発見して理解した人だけが、他人の固有性を認めることができる。このような個人が集まることによって、個性が尊重され、多様な価値が共存する社会がつくられる。そんな社会に一歩ずつ近づけるよう、私も自分のポジションでできることにベストを尽くしながら生きていきたい。

一人では不可能なことも〝一緒〟なら成し遂げられる

ジョン・センムル・プロップスをオープンする前日、とても特別な夢を見た。私は小さな船に乗って泥水の中を渡っていたが、汚いとは少しも思わなかった。水はしだいに澄んでいき、温かい温泉水になった。やがて私を乗せた小さな船は海にたどり着いた。「あ～、海だ」と感動した瞬間、眠りから覚めた。

重要な日を前にして見た夢なので、ただごととは思えなかった。PLOPSは何かが水に落ちる〝ポチャン〟という音を意味する言葉だ。その前に私の名前〝センムル〔湧き水〕〟もついているので、色々な面で水と関連したイメージがある。だから泥水や温泉水、海に至るまで、水がたくさん登場する夢を見たのだろうか。

ところが、夢の話を聞いた夫の考えは違っていた。私を乗せた船が泥水を通って温泉水に出会ったように、これから私たちのブランドは世の中を澄んだ温かいものにする一助となるだろう。また、船が海にたどり着いたように自らの役割を果たすことによってさらに大きく成長するだろうと解釈した。

私は夫の解釈が気に入った。ポチャンと投げ込まれた小さな石ころが湖に穏やかな波紋を描くように、私と私のブランドが世の中にわずかでも影響を及ぼすことができたら、といつも考えてきた。泥水を澄み渡らせるほどではなくても、私が投げた小さな石が偏見の固い壁に小さなヒビを入れられるように、私がそんな小さな力を持てるように願ってきた。

そんな思いで準備を進めているのが〝善影母〟（善良な影響力を持つ母の集い）だ。女優のシン・エラなど各界各層で熱心に働いている母たちと共に、それぞれの善良な影響力を結集させる予定だ。母の集いだけに関心事は当然子どもだが、私たちの目線は〝私の子どもたち〟ではなく、〝世の中のすべての子ども〟に向かっている。

私たちは我が子と他の子どもを区別したり、我が子が他の子どもたちに勝つことを願って他の子どものものを奪う大人ではなく、世の中すべての子どもが幸せに自分の権利を享受できるように手助けする大人になろうと思う。

さまざまな活動をしていく予定だが、新生児委託や養子縁組の広報をする仕事に重点を置くことになるのではないかと思う。私とシン・エラを含む善影母のメンバーは、ほとんどが養子縁組家庭を築いている。私たちがそうだったように、より多くの人々が養子縁組によって幸せに満ちた家庭を築けるようにサポートするつもりだ。

子どもを育てたことのある親なら誰でも知っていると思うが、子どもはまさしく無限大の愛と関心を要求する存在だ。施設で社会福祉士がどれだけの信念と使命感を持って仕事をしても、一人ひとりの子どもに無限大の愛と関心を注ぐのは物理的に不可能だ。

「子どもを一人育てるには、村全体が必要だ」というアフリカのことわざもあるが、新生児にはたった一人がいればいい。食事を与えてお風呂に入れ、眠らせて、笑って撫でて抱いて話しかける人、心から愛情を注ぐ人が一人でもいれば十分だ。

私の微弱な力で世界全体を変えることはできない。しかし、私たちの力と意志が集まれば、少なくとも一人の子どもの世界を変えることはできる。そして、私たちが生きる世の中にもっと温かいぬくもりを吹き込むことができる。二人の子どもを育てながら、私は連帯の力とより広い世の中に視線を向けることの重要性を悟った。「遠くへ行くには、共に行け」という言葉の意味に気づかせてくれ、実践させてくれた二人の娘アインとラエルに、心から愛していると伝えたい。

Chapter4

愛することだけが教えてくれる人生の価値

Quotation

自分が生きたことによってたった一人でも誰かの人生が幸せになること。これが真の成功だ。
――ラルフ・ワルド・エマーソン（思想家、詩人）

延世大学言論広報映像学部のキム・ジュファン教授が、著書『レジリエンス（回復力）』の中で興味深い研究結果を紹介した。

レジリエンスとは、逆境と困難を勝ち抜くポジティブな力で、ハワイ諸島最北端に位置するカウアイ島での研究によって確立された概念だという。カウアイ島は1950年代まで非常に貧しく不遇な地で、住民の多くが犯罪者やアルコール依存症だった。しかし、こうした劣悪な環境の中でも、何の問題もなく模範的に成長した人々がいた。

心理学者のエミー・ワーナーは40年にわたる研究を通して、彼らが社会にうまく適応して立派に成長した秘密がレジリエンスにあることを明らかにした。

ワーナーによれば、彼らの幼年期には共通点が一つあった。彼らに対する理解と支持を惜しまない大人が少なくとも一人はいたという点だ。両親とはかぎらない。祖父母、親戚、教師、隣人など、どんな人でもいい。子どもを無条件に支持して信じてあげる人がたった一人でもいれば、子どもはどんな逆境にも屈しないレジリエンスを持った人に育つ。

　このように、大人には一人の子どもの人生を根こそぎ変える力がある。一人の子どもが世の中を信じ、他人を思いやって、自分を愛せる人になるように導く力が、私にもあなたにもある。その力を血縁者や自分が産んだ子どもだけではなく、他の子どもたちのためにも使おうと善影母は提案する。

「養子縁組によって全世界を変えることはできませんが、一人の子どもの世界を変えることはできます」。「養子縁組の日」記念行事の標語だ。私たちがこんなふうに子ども一人ひとりの世界を変えていけば、いつかは世界全体が変わる日がやってくるだろうと私は信じている。

そして大人となり、そしてママとなる

　先日、人気を博したドラマで養子縁組がネガティブに描かれていて、とても残念だった。劇中で養子と設定された人物は、母親に捨てられたせいで一生をあくせく不幸に生きてきたという。養子は毎日試験を受けるような気持ちで、人々の顔色をうかがいながら生きなければならないという台詞も出てくる。

　果たしてそうだろうか？　実母が別の選択をしていたとしたら、子どもはこの世に生まれることもなかっただろう。しかし、実母はさまざまな不利益を受け入れながらも出産を諦めず、その結果、子どもは新しい家族を得た。そのため、私たちは養子を〝捨てられた子ども〟ではなく〝守られた子ども〟と呼ぶ。

両親に虐待される子どもたちのニュースが連日新聞に掲載されても、通常、私たちは両親の下で育つ子どものすべてが不幸だと考えることはない。一部の話だということをよく知っているからだ。同じように、養子縁組家庭における幸せでない子どもたちもほんの一部だ。しかし、世間はいくつかの不幸な養子縁組のケースをふくらませて一般化する。血縁で結ばれた家族でなければ、固い絆もないはずだと勝手に判断する。

養子が毎日試験を受けるような気持ちで生きる？　私は自分の期待に添わないという理由で、親が子どもの存在を受け入れず、虐待するケースをたくさん目にしてきた。両親の経済力と学歴が高いほど、その傾向は高い。子どもが毎日試験を受けるような気持ちで生きるというのは、養子縁組家庭かどうかの問題でなく〝親の性格〟の問題だ。養父母だからといって、子どもを条件によって愛するわけではない。子どもが自分に似ているから、自分の期待どおりに育っているから、トラブルを起こさないからという理由で愛するわけではない。ただ、自分の子どもだから愛している。その存在だけで十分に愛される資格があるから愛している。世の中すべての親が自分の子どもを愛するのと同じように、養父母も養子に迎えた子どもを愛しているのだ。

ホルト国際児童福祉会を設立したバーサ・ホルトは、親のいない子どもたちのために生涯を捧げた。あるとき、養子に迎えた子どもの体調が悪くて病院に連れていったところ、遺伝性疾患だと診断されたという。バーサ・ホルトは驚いて、こう叫んだ。

「うちの家系にそんな病気の人はいませんけど⁉」

子どもが養子だという事実をすっかり忘れていたのだ。

私も日頃はアインとラエルが養子であると意識することはない。たったの一度も、夢の中ですら、我が子ではないと考えたことはない。

私の言葉を信じられないという人もいる。子どもを産んだこともないのに、どうして養子を我が子のように愛していると言えるのかと疑う。私自身、そんな疑問を持ったことがないわけではない。自分のおなかを痛めて産んだ子どもがいても、アインとラエルを同じように愛していると言えただろうかと何度も考えた。

しかし、自分に何度尋ねてみても、答えは同じだ。私がアインとラエルを愛する気持ちより大きな気持ちはこの世に存在しないのではないかと思う。私の言葉が信じられないのなら、自分が産んだ子どもと養子を一緒に育てている他の養父母たちの話を聞かせたい。女優シン・エラを含む多くの養父母はみな一様に言う。産んだ子も養子も、親にとってはまったく同じように大切な子どもたちだ、と。

妊娠と出産を体験すればこそ親になるのではない。子どもを胸に抱き、その黒い瞳をのぞきこんで、熱を出した子どもの身体を夜通しタオルで拭いてやり、道ばたにしゃがみこんで一緒にアリを眺め、初めて幼稚園に行く子どもの涙をそっと拭きながら、私たちは親になる。子どもと過ごす時間を少しずつ積み重ね、そうして私たちは家族になる。

高い山ではなく、登れそうな低い山になりたい

養子縁組に関するドキュメンタリーを見たことがある。フランスでワイナリーを運営する夫婦が韓国人の兄弟を養子に迎え、子どもたちは大きくなってから家業を継いだ。兄弟は昔のままの製法で伝統を守ってワインをつくっているという。インタビューで養父母はこう言った。重要なのは血筋を継承することではなく、〝家族の精神〟を受け継ぐことだと。

私も家族と共に生きる姿を通して、見せてあげたい。世の中には血筋ではなく、赤い糸でつながれた家族もあるということを。家族は血筋ではなく、共に過ごした時間でつながっていくのだということを。メディアを通して養子縁組の事実を繰り返し伝えるのは決して容易なことではないが、そうすることによって、たった一人でも養子に対する先入観を捨てて心の扉を開く人が増えるなら、そして、新しい家庭を得る子どもが一人でも増えるなら、喜んで引き受けたいと思う。

私のことをすごいと言う人もいる。手を横に振りながら「私には、あなたみたいなことはできない」と言う人もいる。しかし、私はすごい人ではない。17歳から夢見てきたことをほんの少しずつ叶えていく間に、私が享受した幸運と恩寵《おんちょう》、応援と激励を他の誰かに伝えたいだけだ。私が他の子どもたちを気遣えば、誰かが我が子たちのことも気遣ってくれるだろうと信じる気持ち、そして〝私たち〟の範囲が少しずつ広がっていくだろうという信念を持っているだけだ。

かつて初めてアカデミーの弟子たちの前に立つことになったとき、果たして自分にそんな資格があるのだろうかと急に怖くなった。そのとき聴こえてきたのがコンテンポラリー・クリスチャン・ミュージックの『願い』だった。

高くそびえる山になるよりも
登れそうな低い山になりたい
私の歩む道だけを照らすより
誰かの道を照らしてあげたい
歌うように、語るように生きていきたい
私はそんなふうに死ぬことを願うよ

この歌詞のように、誰かにも私を登れそうな低い山だと感じてもらえたらと思う。私の人生ロードマップを見ながら「ジョン・センムルが実践していること、これぐらいなら私にも真似できそう」と思ってもらえることを願っている。そして、私の小さな船がいよいよ海へと向かうとき、そこであなたがたの小さな船に出会えたら嬉しい。

appendix

LIFE MAKE-UP BOOK

appendix

夢を現実にしたスクラップブック

私は幼い頃からスクラップブックをつくっていた。私のスクラップブックを見てもらえば分かるように、厳格なルールや形式はない。自分が夢見るイメージが盛り込まれた写真を貼り付けたり、願いをメモしたりするだけだ。

こうした行動は、漠然とした夢や願いを具体化してくれる。

一冊ずつ増えていくスクラップブックを振り返れば、自分自身にどれだけのエネルギーを投資してきたのかが分かる。

自分を魅了するイメージを発見するたびにスクラップしておく。メイクアップや製品のコンセプトを決めるときに大きく役立つ。

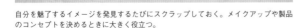

スクラップによって、自分が何に憧れて、どんな未来を夢見ているのかを改めて知ることができる。

Personal Color
Instant Chic
JUMPER DRESS
EARTHY SANDALS
VIBRANT HUE
Value
CHLOE

Color of the Year 2018
PANTONE®
Ultra Violet
18-3838
MOOD
MIND
BODY
eye
Lip
Yellow + Purple
(Red + Blue)
Ultr Violet

appendix

私の人生を変えた人生ロードマップ

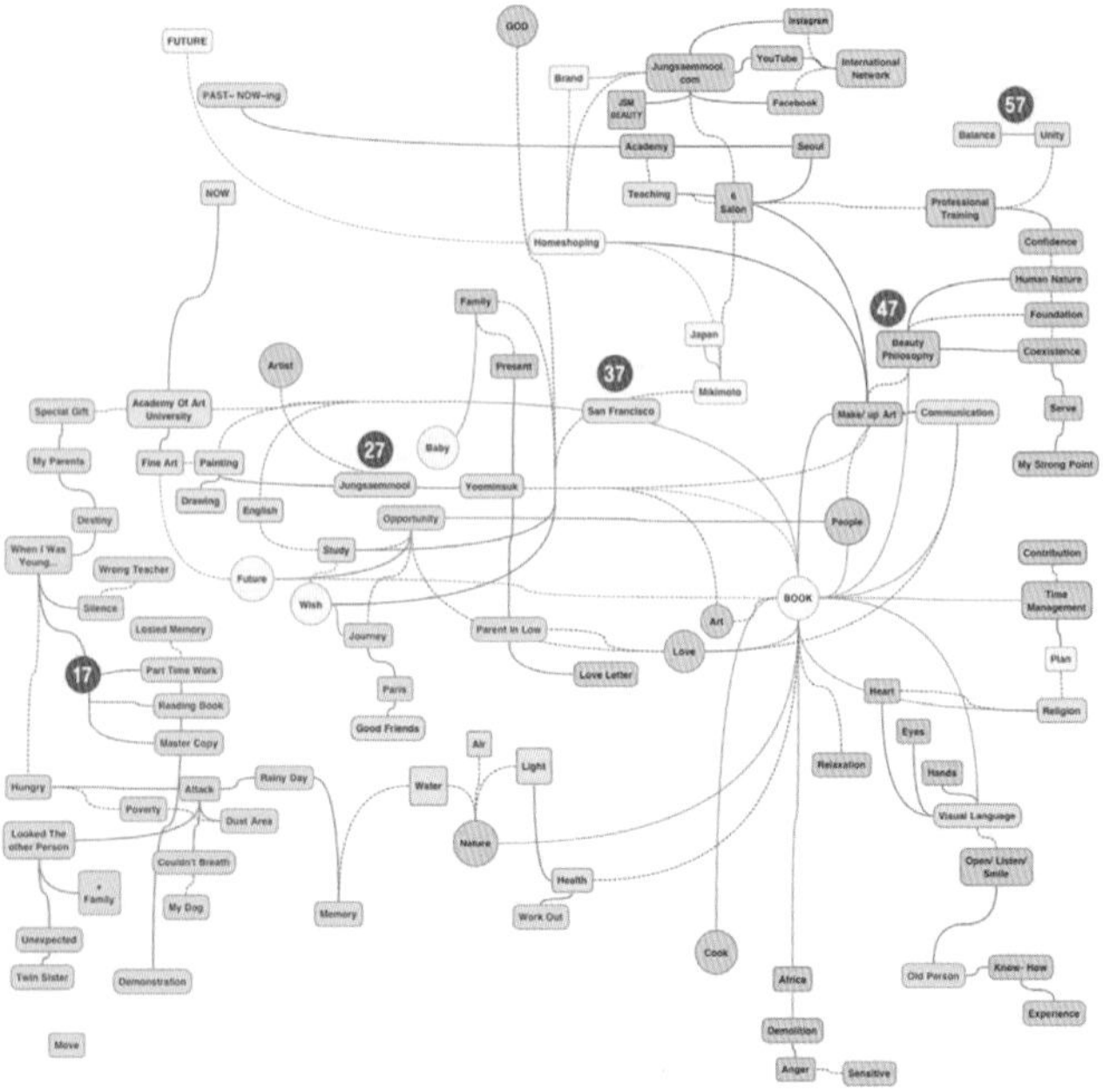

10年単位でまとめた私の人生ロードマップ。人生においてどんなことがあったのか、そのことが自分にどんな影響を与えたのか、時系列に沿ってひと目で把握することができる。

私は20代後半から〝人生ロードマップ〟というものをつくり始めた。メイクアップ・アーティストとして名を知られるようになり、目が回るほど忙しく働いていた時期だった。仕事が洪水のように押し寄せてきて、嬉しさと喜びを感じる一方、その荒々しい波に流されて、とんでもない場所にたどり着いてしまうのではないかと怖かった。そこでつくり始めたのが〝人生ロードマップ〟だ。

コラージュ形式でつくった別の人生ロードマップ。自分が夢見る未来を可視化すると、実現に一歩近づくことができる。

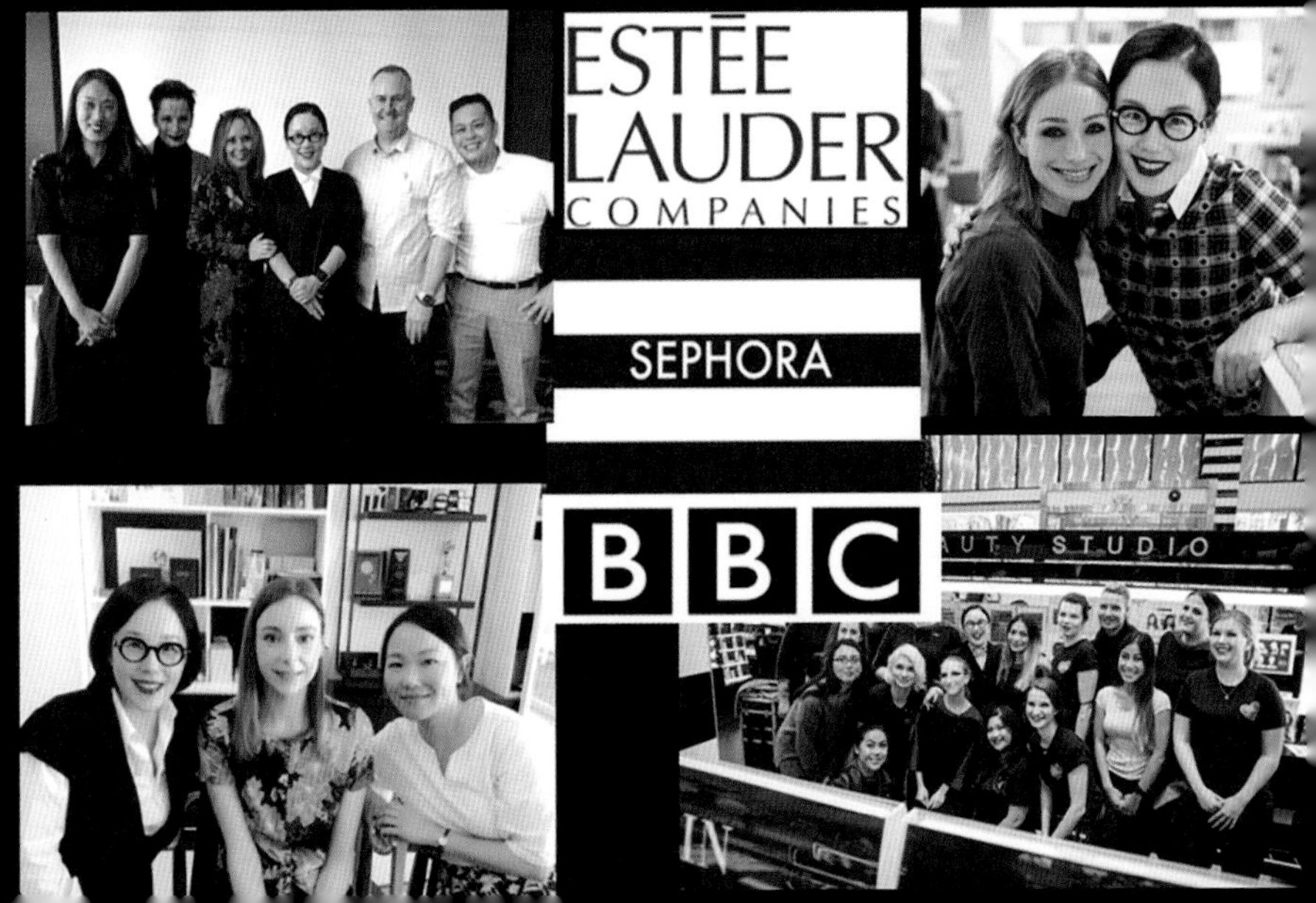

appendix

メイクアップ・アーティストとしての基本マナー

メイクアップ・アーティストとして私が仕事で使っているアイテムや着ている服、アクセサリーについて知りたいという声が多いので、クローゼットとポーチ、その他のアイテムを公開する。こうしてお見せするのはなんだか照れくさい。

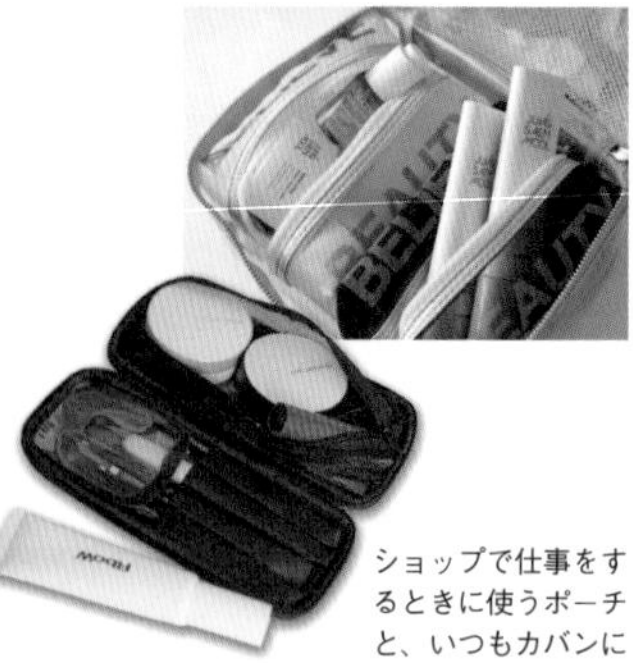

ショップで仕事をするときに使うポーチと、いつもカバンに入れているポーチ。

“ジョン・センムル”と言えば“メガネ”と“赤いリップ”を思い浮かべるという人が多い。普段からメガネをポイントとして取り入れている。

顧客を迎える前は、常に身なりをチェックする。ショップにはカラフルな商品が多いので、服はブラック＆ホワイトのトーンがメイン。髪の毛はきっちり結ぶ。

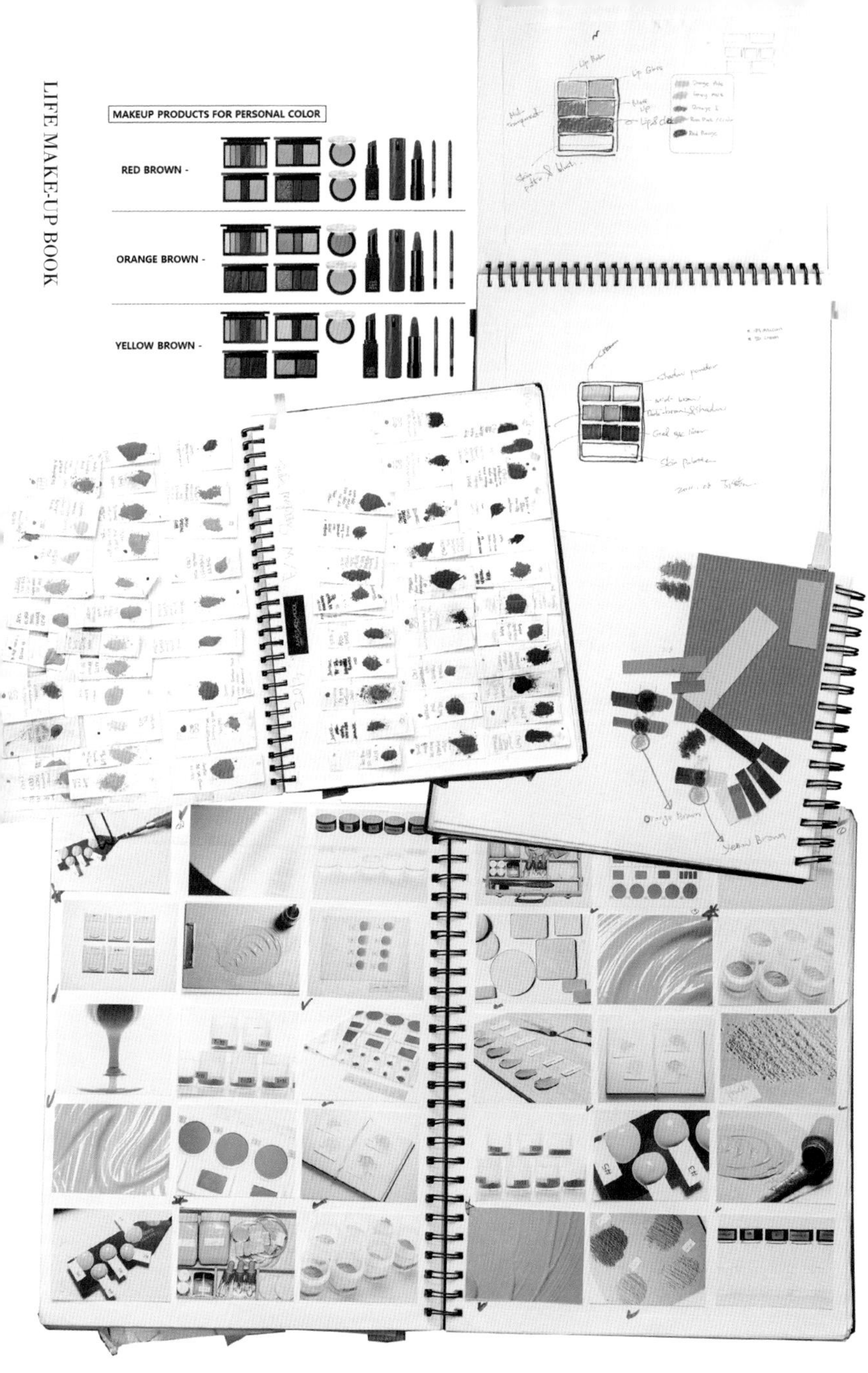
MAKEUP PRODUCTS FOR PERSONAL COLOR
RED BROWN -
ORANGE BROWN -
YELLOW BROWN -
Orange Brown
Yellow Brown

メイクアップ・アーティストになりたいなら

「メイクアップ・アーティストになるにはどうすればいいか」という質問をよく受ける。通常は1年ほど勉強して、3年間アシスタントとして下積みを積んでから独り立ちするケースが多いが、プロらしく顧客と向き合えるようになるためには、そこからさらに3～4年の経験を積まなければならない。長年の努力が必要とされる職業なので、技術習得だけにこだわるのではなく、長いスパンで考えて、芸術的な素養と基本的な心がけを磨き上げるべきだとお伝えしたい。

❶ 美術の勉強をしよう

メイクを上達させるには、事物の形態や色彩、質感などに対する理解を深めなければならない。美大に進むとまではいかなくとも、日ごろからコツコツと勉強を続けることが大切だ。とくに、マスターコピーをおすすめしたい。これは有名画家の作品をそのまま真似して描き、その技法を研究して観察するものだ。〝コピー〟は創造力とは真逆の概念だと思われがちだが、実際はそうではない。〝模倣は創造の母〟という言葉のとおり、有名画家の作品を真似して描くうちに、自分ならではのスタイルを生み出せるようになるはずだ。

❷ 他の芸術ジャンルにも関心を向けよう

美術だけでなく音楽や映画、建築、大衆文化など、多様な分野に関心を持つことによって、トレンドを読む目が生まれ、世間の嗜好を把握できるようになる。最近はジャンルの境界線というもの

JUNG SAEM MOOL

が消え、ファッションデザイナーが音楽から、建築家が美術からインスピレーションを得る時代だ。メイクアップアートもさまざまな文化と芸術のジャンルからインスピレーションや影響を受け、変化して発展していくので、こうしたトレンドに常に敏感でなければならない。

❸ 人を観察しよう

メイクアップアートの対象であり、素材となるのは人だ。人とコミュニケーションを取り、人を理解してこそ、メイクの作業が可能となる。メイクアップ・アーティストはメイクに直接的な影響を与える瞳と唇の色、肌のコンディションはもちろんのこと、相手の気分、趣味嗜好までを把握する必要がある。また、顧客が願うところを知るために、会話を自然にリードする方法も知っておかなければならない。そこで欠かせないのが、人を観察する訓練だ。熟練のメイクアップ・アーティストになるために長年の経験が必要な理由はここにある。

❹ 外国語を勉強しよう

外国語が使えれば、全世界のビューティー、ファッション、大衆文化に関する情報にアクセスして、最新トレンドをいち早くキャッチすることができる。使える言語があればあるほど、世界に向けて自分の能力を知らしめるチャンスが増える。

❺ コツコツ運動を続けよう

メイクアップアートは精神的・肉体的な疲労度がかなり高い仕事だ。終日立ちっぱなしで一定の姿勢を取りながら、とても几帳面に注意深く作業をこなさなければならない。ときには明け方から仕事を始めたり、徹夜をしなければならないこともある。いくら優れたアーティストであっても、体力と健康が伴わなければ、情熱と集中力を維持するのは難しい。したがって有酸素運動と筋トレをコツコツ続けて、体力をつけておく必要がある。

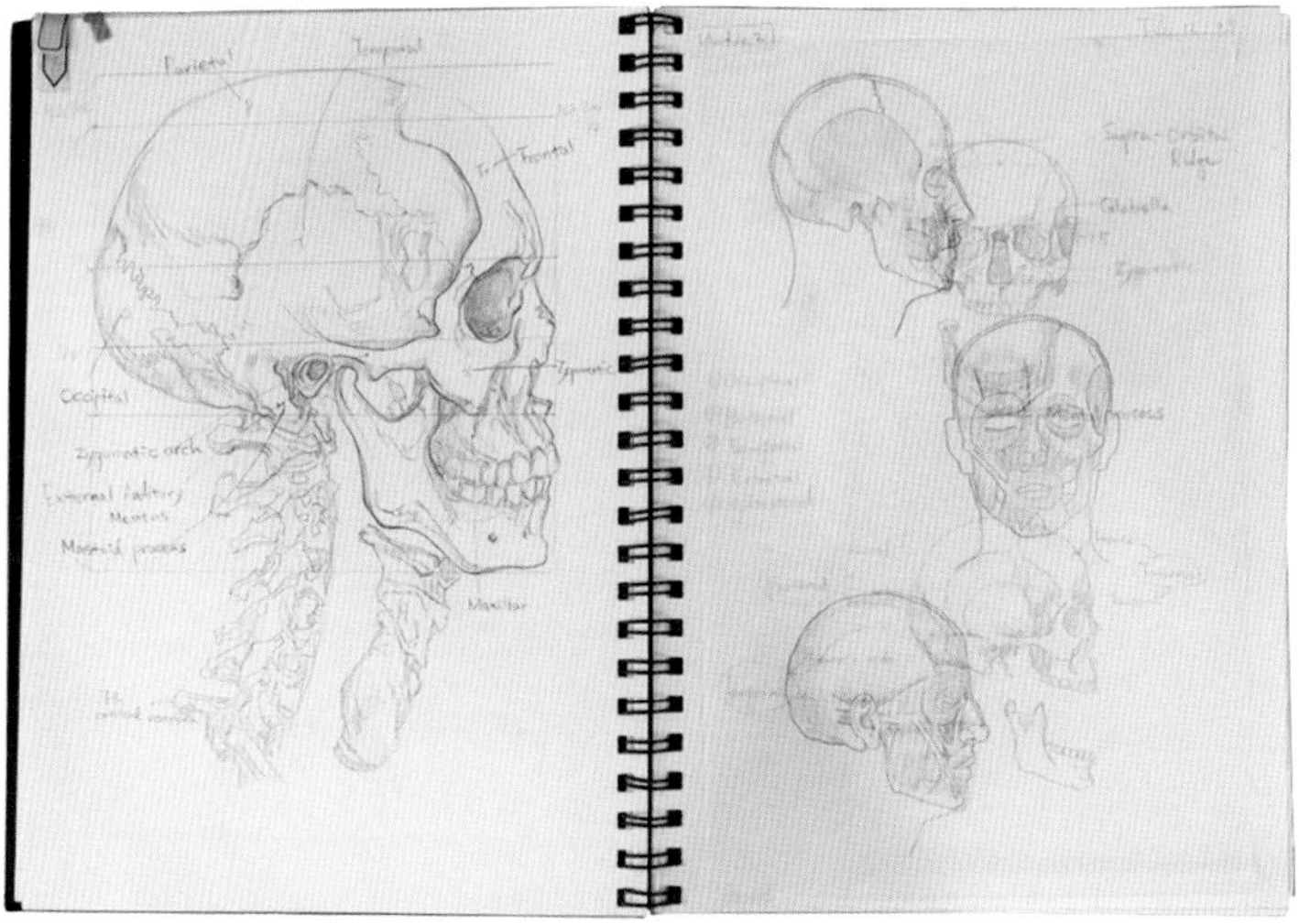

顔の骨格と筋肉の解剖学的な原理をメイクアップと関連づけて理解したおかげで、
解剖学の授業でトップの成績を取ることができた。

幼い頃から人物画に魅了されていた私は、留学中ひたすら人物画を描き続けた。
人に対する関心が誰よりも大きかった。

パーソナルカラー、自分の固有性を探す鍵

パーソナルカラーがなぜ重要なのか？

自分ならではの魅力をよく知っている人は、どんなものが流行しても自分に合わせて取り入れることができるが、そうでない人は、いくら流行を追っても他人のものを借りて着ているかのようにぎこちなく見える。固有の魅力を知るというのは、自分に似合うものとそうでないものを区別するということだが、その基準の一つとなるのがパーソナルカラーだ。パーソナルカラーを知れば、もっとも私らしい美しさを追求することができる。

どんな服を着るのか、どんな色のリップを塗るのかを決める重要な基準が、流行ではなく、自分自身になる。流行を追いかけるのではなく、自分にもっともよく似合う形で活用すれば、誰よりもトレンディーに見える。

つまりパーソナルカラーを知っているというのは、自分はどんな面において特別なのか、私ならではの魅力は何か、周囲に振り回されることなく内面を守るにはどうすればいいのかをよく把握しているということでもある。そのためパーソナルカラーを知ることは、ブレない内面を持つ人になるための第一歩に値する。

パーソナルカラーの基準とは何だろうか？

「専門家に〝秋ウォームトーン〟と診断されて、似合うカラーをおすすめしてもらったんです。でも、そのカラーがよく似合うときもあれば、まったく似合わないこともあります。パーソナルカラーの診断結果が間違っていたんでしょうか？」

肌の色を基準としてパーソナルカラーを診断すると、こうした問題がよく起こる。肌の色は、環

境と体のコンディションに大きく影響されるからだ。パーソナルカラーを正しく把握するには、外的要因に左右されない自分ならではの固有の色を基準としなければならない。瞳の色がまさにそれだ。瞳の色も日照量によって変化することはあるが、東洋人の場合はその差がかなり小さい。東洋人の瞳はたいていがブラウンだが、色の組み合わせによって次の3種類に大きく分類される。

緑と赤が混ざったレッドブラウン（ダークブラウン）
青と橙が混ざったオレンジブラウン
紫と黄が混ざったイエローブラウン

アカデミーの受講生が描いたブラインド・コントゥール・ドローイング（ブラインド輪郭描画）。集中力と観察力を育てるうえでも効果的だが、自分の内面を観察するきっかけになるという点でも重要だ。

自分の瞳の色を知る方法

瞳の色は、照明によって見え方が異なることがあるので注意しなければならない。瞳の色を正確に把握するには、自然光を利用するのがベストだ。冬であれば午前8〜9時半（夏は1時間ほど早い時間）に窓際で日光と向き合う位置で、携帯電話のカメラを使って瞳の写真を撮る。もちろんフィルターは使わずに撮影しなければならない。この写真を拡大して、自分の瞳の色がレッドブラウン、オレンジブラウン、イエローブラウンのどれに属しているのかを把握する。理解を助けるために補足すると、レッドブラウンは東洋人の瞳に最も多い色で、ペ・スジ（miss A）やコン・ユがこの色に該当する。イエローブラウンは俳優のソ・ガンジュンやイ・ソンギョン、オレンジブラウンはク・ヘソンの瞳の色を参考にすればいい。

レッドブラウン

オレンジブラウン

イエローブラウン

パーソナルカラーの基準となるのは瞳だ。瞳の色はレッドブラウン、オレンジブラウン、イエローブラウンに大別される。

自分ならではのパーソナルカラーを知るには？

瞳と近い位置にある、眉毛と髪のカラーを瞳の色に合わせれば、洗練された印象を与えることができる。その他のポイントメイク、ファッション、小物などの色は、瞳を構成する基本色でまとめればいい。すなわち、レッドブラウンの瞳にはレッドとグリーン系、オレンジブラウンにはブルーとコーラル系、イエローブラウンにはパープルとイエロー系が合う。詳細は以下のとおりだ。

緑＋赤＝レッドブラウンの瞳なら

アイメイク：ピンクやブラウン系

リップメイク：レッドやトーンダウンしたピンク系

ヘア：ブラックや濃いブラウン

服や小物：レッド、ブラック、グリーン系

青＋橙＝オレンジブラウンの瞳なら

アイメイク：オレンジブラウン、オレンジレッド、ピンクコーラル、ピーチ系

リップメイク：オレンジやコーラル系

ヘア：淡いブラウン

服や小物：ピーチ、オレンジ、コーラル、ブルー、ブラウン系

紫＋黄＝イエローブラウンの瞳なら

アイメイク：イエローブラウンやパープル系

リップメイク：青みがかったピンクやパープル系

ヘア：明るい色

服や小物：イエロー、ピンク、パープル、無彩色系

レッドブラウン

オレンジブラウン

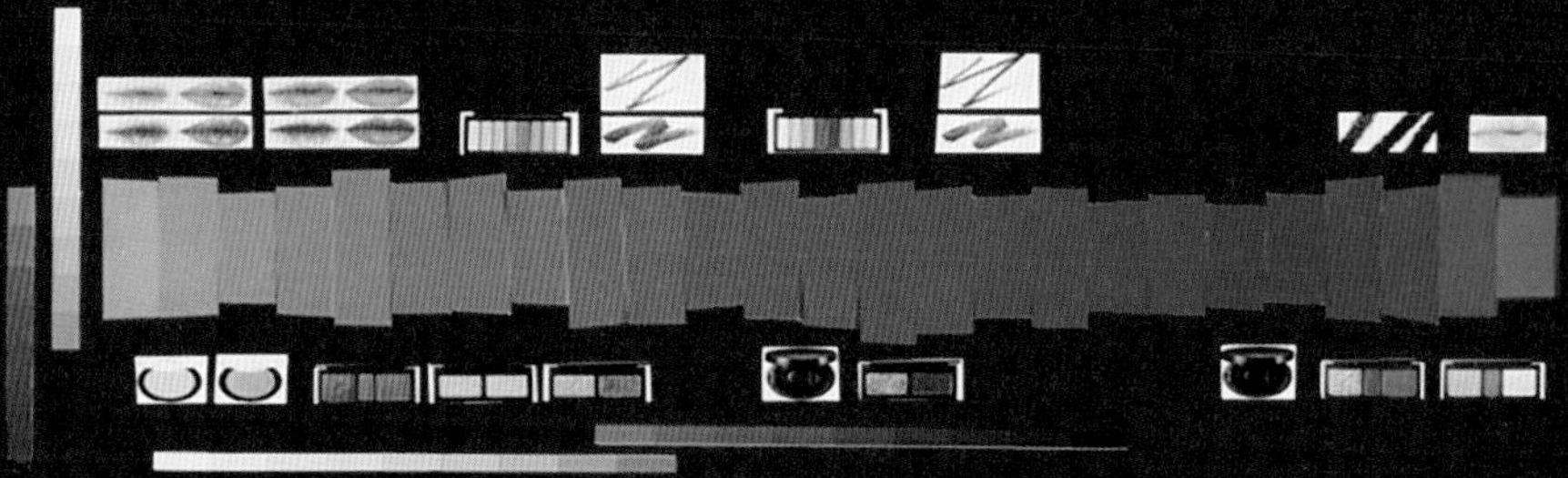

イエローブラウン

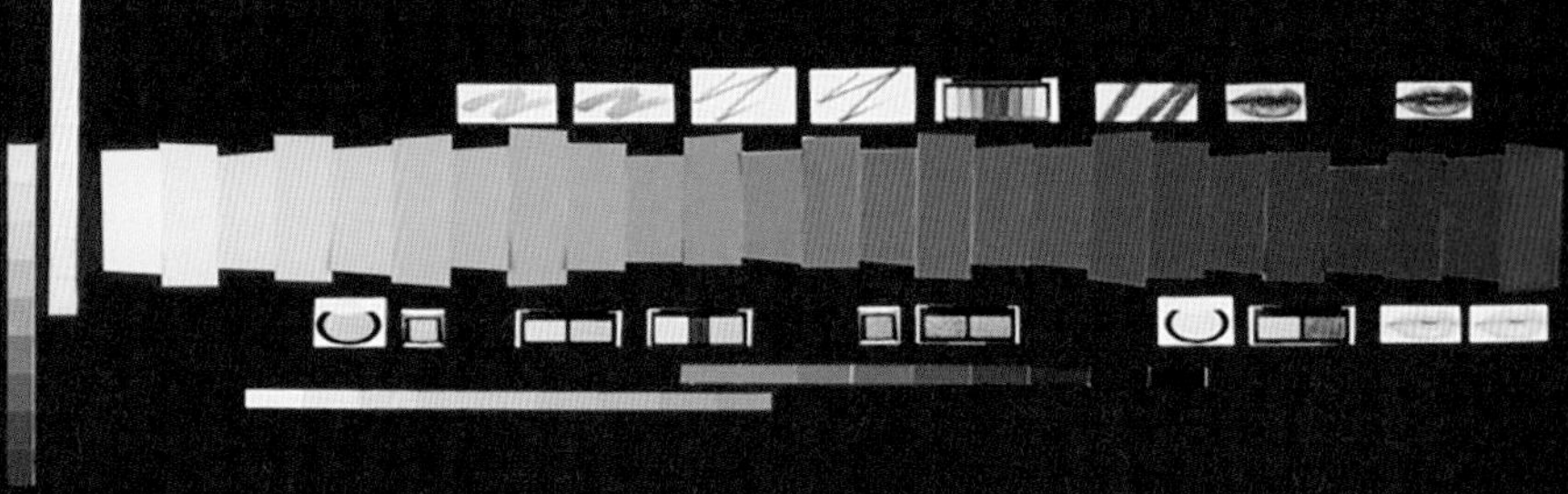

パーソナルカラーに合わせて眉毛・ヘア・メイクアップ・服・小物などの色を選べば、どんな流行りがやってきても、自分ならではの固有の魅力を生かすことができる。

KEY7《キーセブン》、ジョン・センムルメイクの基本公式

留学から帰ってきた私は、ファインアートの理論に自分ならではのノウハウを組み合わせて、メイクの基本公式であるKEY7をつくった。トレンドにかかわらず、誰でも簡単に取り入れることのできる公式だ。

KEY1：THIN & THICK
立体的な小顔をつくる秘密

平面のペインティングでは、飛び出している様子を表現するために、明るい色の不透明な絵の具を丁寧に何層も塗り重ねる。すると、もっとも明るい絵の具が厚く塗られた部分は今にも飛び出してきそうに見え、逆に、暗い色が薄く塗られた部分は奥まって見えるため、絵に立体感が生まれる。

メイクにおいても同様に、肌の厚さに合わせてコスメの量を変えれば、立体感を与えることができる。私たちがスターゾーンと呼んでいる目、口、額、鼻、頬の外側は肌が薄く、頬骨からあごにつながるVラインは肌が厚い。Vラインにはコスメを何層も塗り重ね、肌の薄いスターゾーンには薄く塗って、顔を立体的に見せるというのがTHIN & THICKの法則だ。

KEY2：WARM & COOL
透明メイクの秘密

色相環《しきそうかん》で向かい合う位置にある色を〝補色〟という。補色の関係にある二つの色はコントラスト

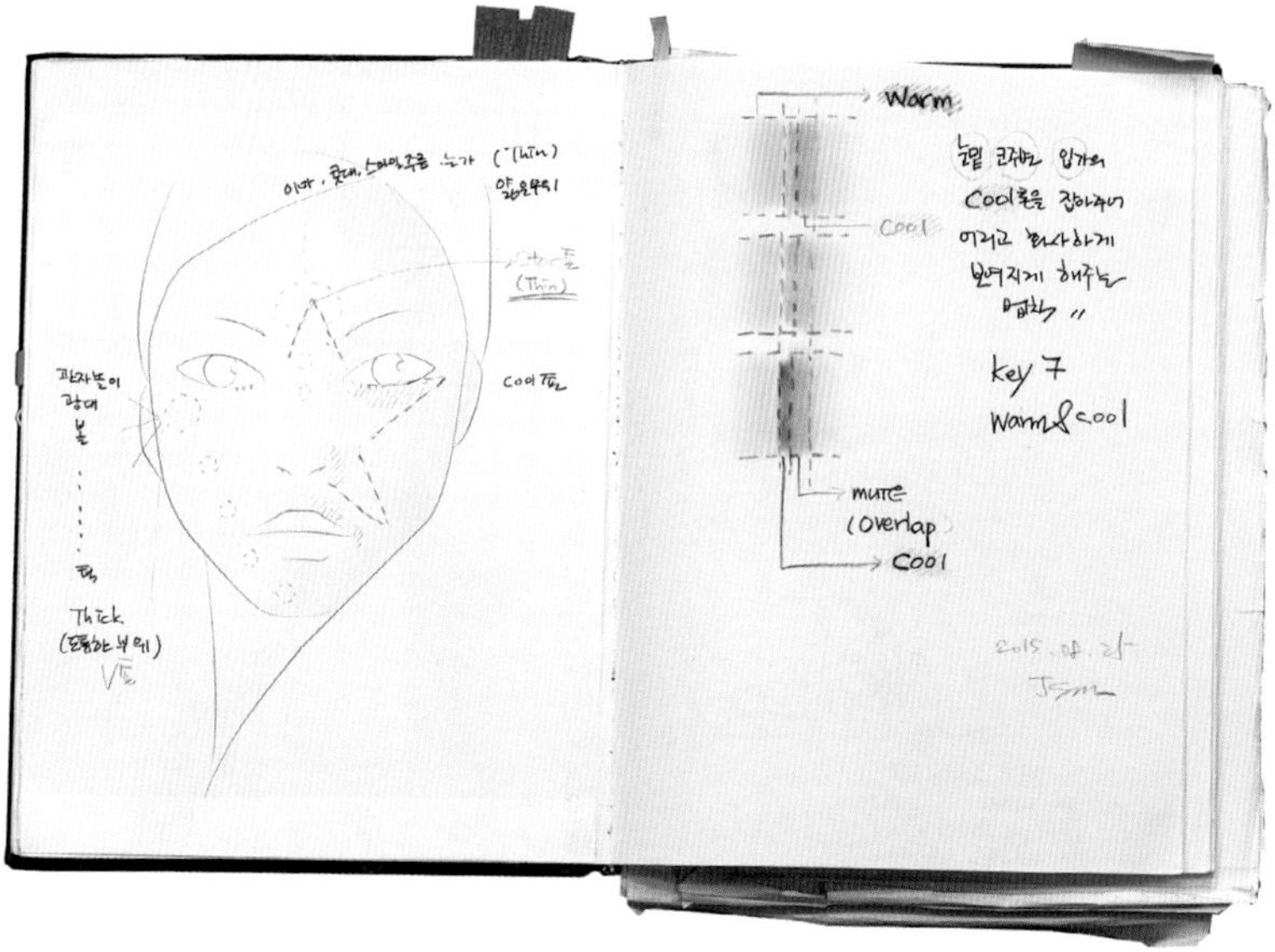

が強いため、それぞれウォームトーンとクールトーンを帯びる。補色同士を混ぜ合わせると無彩色になる。こうした特性をメイクに活用すれば、美しく澄んだ肌を表現することができる。

顔の肌は、部位によってトーンが少しずつ異なる。額の部分は黄色、目・耳・鼻は赤っぽく、目の下・鼻の下・口の周りは青みがかっている。すっきりした印象を与えるには、このようにまだらな肌トーンを整えなければならない。それぞれの部位に相反する色、すなわち補色のコスメを塗れば効果的だ。目の下や鼻の下、唇の周りの青くくすんだ部分にはピンク色のファンデーションを塗ると、活気に満ちて若々しく見えるという効果がある。頬や鼻の赤みが強いときは、冷たさを感じさせるオークカラーのファンデーションでカバーし、ベージュやブラウンのチークを薄く塗ればいい。

KEY 3 : WET & DRY

長持ちするメイクの秘密

ファインアートのペインティング技術の中に「WET & DRY」というものがある。絵の具にしっとりしたミディアム（光沢を加える媒体）を混ぜて、乾いた絵の上に塗り重ねた後、再び絵がすっかり乾いたら、これを繰り返す。こうすると、絵が鮮明かつ奥深く見え、キャンバスに絵の具がしっかり固定される。

この方法を応用すれば、汗や水によって簡単に落ちることのないロング・ラスティングなメイクが可能となる。しっとりしたテクスチャーと乾燥したテクスチャーが出会うことによって、密着力と持続力が高まるという特性を利用するのだ。ファンデーションで潤った肌にパールパウダーを乗せて乾燥させるステップを経れば、しっとり滑らかに見えると同時に、メイクアップが肌に完璧に馴染んで持続力がアップする。

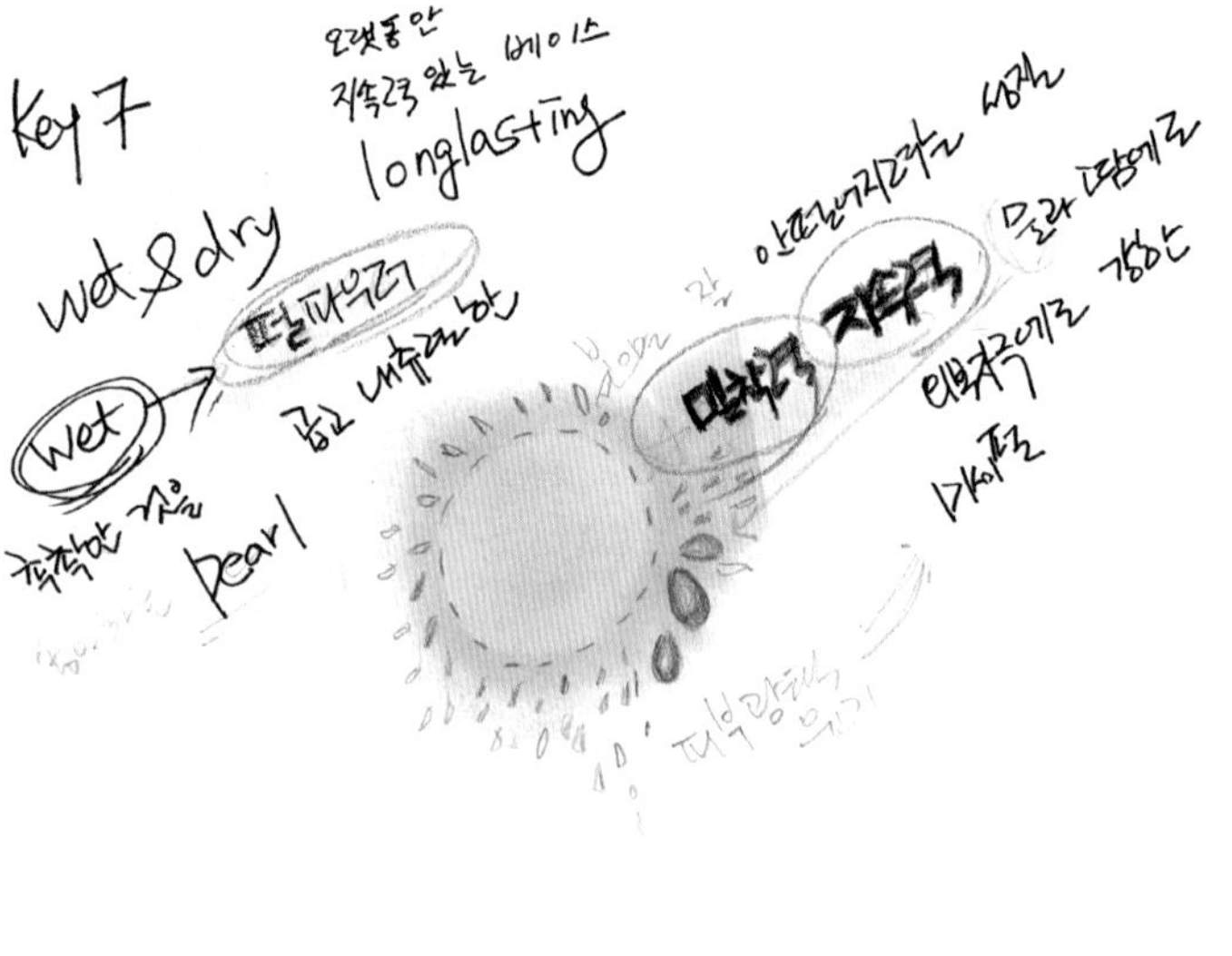

KEY 4：LOST & FOUND

立体的なラインを表現する秘密

強弱のない一定の太さで線を描くと、のっぺりと平面的に見える。私たちが現実世界で目にする線は、光の角度によって時には濃くて太く、時には薄く細く見えるからだ。したがって、飛び出している部分とへこんでいる部分、明るい部分と暗い部分に合わせて線の太さと濃さを変えれば立体的に見える。これがLOST & FOUNDの法則だ。

私たちの顔に描く線も同じだ。アイラインを強弱のない一定の太さで描くと、かえって目が小さく窮屈に見えてしまう。大きくて立体感のある目を表現するには、目の中央のラインはなるべく細く、そして、目の両端のラインは太く描かなければならない。

KEY 5：FOCAL POINT

視線を引き付ける黄金分割点を攻略せよ

視覚芸術の基本原則に〝三分割の法則〟という

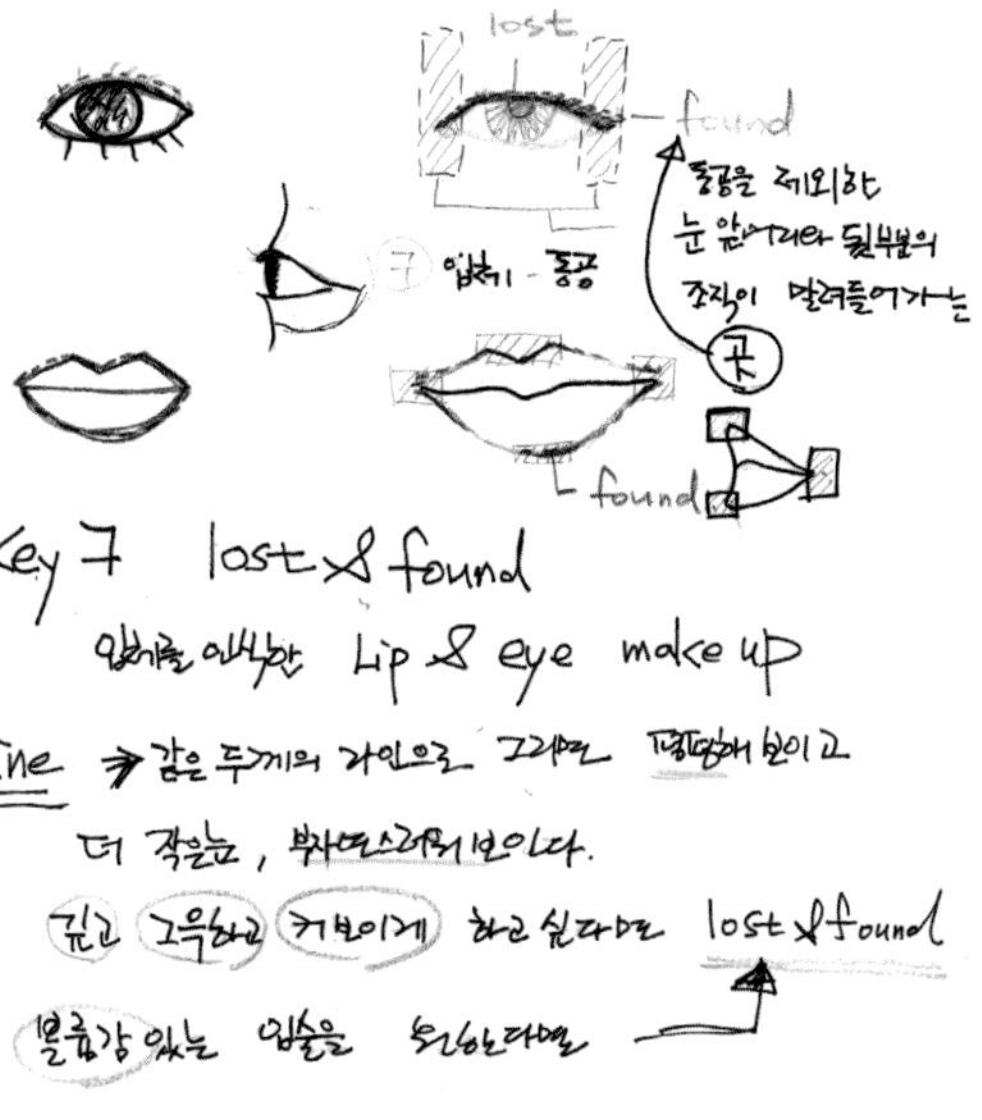

同じ太さのラインを描くと平面的に見え、目が小さく不自然に見える。

ものがある。縦横2本ずつの線を引いて画面を均等に9分割したとき、線が交差するポイントに強調したいものを置くと、構図が安定して視線を引き付ける効果がある。

顔にもこのような黄金分割点が存在する。顔を横に5分割、縦に3分割してみよう。交差するポイントに顔のパーツの端が完璧に位置していれば、バランスのとれた理想的な顔立ちとなる。しかし、このような黄金比に当てはまる顔は多くない。たいていは理想的な比率より眉間が広かったり、鼻筋が長かったりするものだが、そのような場合でもメイクによって最大限、黄金分割に近づけることができる。

たとえば鼻筋が長いなら、ハイライトを鼻筋の3分の2の地点まで塗ることによって、短く見せることができる。眉間が広い場合は目頭に陰影をつけ、逆に眉間が狭ければ目じりを長く描いて視線をできるだけ外側に分散させる。額が縦に長ければへアラインを若干、下向きに整えて、眉毛をやや太めに描く。額が横に長い場合は、両脇のへアラインをせばめるように描き足す。

KEY 6：SIMPLE & COMPLEX
メイクのポイント以外はシンプルに処理せよ

背景が複雑であれば事物をシンプルに、逆に、事物が複雑であれば背景はシンプルに描かなければならない。どちらもシンプルだったり、どちらも複雑だったりすると、バランスが崩れて視線が分散してしまう。メイクアップをするときも同じだ。とくに強調したい要素があるなら、その他の部分は控えめにしなければならない。たとえばアイメイクを派手にしたとしたら、リップメイクは目立たない色を選んだほうがいい。

逆に、唇を強調するメイクなら、チークとアイメイクはナチュラルにする。

Key 7 Simple & complex

강조하고 싶은곳에 point   Hair / Lip - Make up - eye

나머지는 힘을 빼주어 세련되고 정돈되게 연출해 준다

強調したい部分にポイントを。残りは力を抜いて洗練されたスッキリ感を演出する。

무겁고 촌스럽게 보여진다

★ 시상식 / 결혼식 / 각종 행사에서

적용하는 pro들의 비공식 (원칙)

"Master들"

KEY 7 : OLD & NEW

古典と現代のミックス&マッチでトレンドリーダーになれ

流行は巡りめぐるものだ。母親世代が若い頃に着ていたような服が〝ニュートロ（New + Retro）〟という名で再び流行し、古典作品が現代の感覚で再解釈されてリメイクされる時代だ。したがって、古いものと新しいものをうまく組み合わせて取り入れてこそ、真のトレンドリーダーだと言える。OLD&NEWの法則は、各時代のトレンドを熟知して、多様な美しさを発見するための見識を育てなければならないという事実を強調したものだ。

Old & New

Key 7

새것과 옛것을 조화롭게 적용하여 세련된 메이크업으로!

세련미, 차별된 트렌드세터의 비밀

감각적인

unique 한

트위기룩의 아이line 기법을 응용

돋보이는 걸크러쉬룩 완성

짙은 버건디 마살라 레드를 응용

새로운 레트로룩 완성

히피룩

히피룩

appendix

心の筋力を育てる一日一行の黙想

私は毎朝、心をメイクアップしようという気持ちで黙想をしている。「The Holy Bible」という聖書アプリを使い、一行一行をじっくり心に刻み込んでいくと、私に与えられた平凡な今日という一日にひたすら感謝の念が湧いてくる。また、元気にいつもの場所にいてくれる大切な人々にも感謝の気持ちを抱く。

夜の黙想は、自分を見つめ直す鏡のようなものだ。今日という大切な時間をおろそかにしなかったか、言うべきではない言葉を発しはしなかったか、愛を惜しみなく伝えられただろうか。このように凝り固まっていた一日の感情をほぐして心を無にすると、身体の疲労までもが消えていくような気がする。私が黙想の時間に読み、心に刻んだ言葉をいくつかご紹介する。無宗教な人でも十分に共感できる内容だ。

朝に読みたい言葉

たとえ、人々の異言、天使たちの異言を語ろうとも、愛がなければ、わたしは騒がしいどら、やかましいシンバル。

——コリントの信徒への第一の手紙13：1

わたしの愛する兄弟たち、よくわきまえていなさい。

だれでも、聞くのに早く、話すのに遅く、また怒るのに遅いようにしなさい。

——ヤコブの手紙1：19

もし、善いことに熱心であるなら、だれがあなたがたに害を加えるでしょう。

——ペトロの手紙3：13

御言葉を行う人になりなさい。自分を欺いて、聞くだけで終わる者になってはいけません。御言葉を聞くだけで行わない者がいれば、その人は生まれつきの顔を鏡に映して眺める人に似ています。鏡に映った自分の姿を眺めても、立ち去ると、それがどのようであったか、すぐに忘れてしまいます。

——ヤコブの手紙1：22～24

ごく小さな事に忠実な者は、大きな事にも忠実である。

ごく小さな事に不忠実な者は、大きな事にも不忠実である。

——ルカによる福音書16：10

夜に読みたい言葉

あなたがたを襲った試練で、人間として耐えられないようなものはなかったはずです。

神は真実な方です。

あなたがたを耐えられないような試練に遭わせることはなさらず、試練と共に、それに耐えられるよう、逃れる道をも備えていてくださいます。

——コリントの信徒への第一の手紙10：13

怒ることがあっても、

罪を犯してはなりません。

日が暮れるまで怒ったままでいてはいけません。

悪魔にすきを与えてはなりません。

——エフェソの信徒への手紙4：26〜27

知恵の初めとして知恵を獲得せよ。
これまでに得たものすべてに代えても分別を獲得せよ。

——箴言4：7

だれも悪をもって悪に報いることのないように気をつけなさい。お互いの間でも、すべての人に対しても、いつも善を行うよう努めなさい。

——テサロニケの信徒への第一の手紙5：15

それゆえ、信仰と、希望と、愛、この三つは、いつまでも残る。その中で最も大いなるものは、愛である。

——コリントの信徒への第一の手紙13：13

訳者あとがき

韓国ドラマやK－POPの爆発的な人気に伴って、メイクアップやスキンケア、ヘアスタイルなど、Kビューティーの分野にも世界的な関心が集まっている。本書の著者であるジョン・センムル氏は、今日の韓国メイクを作り上げた第一人者だ。90年代は厚めのファンデーションにくっきりしたアイライン、ほぼ黒に近いワインレッドのリップといった濃いメイクが流行していた韓国において、その人本来の美しさを際立たせる〝透明メイク〟を生み出し、芸能人だけでなく一般の人々にも大きな影響をもたらした。

ジョン・センムル氏のことは知らなくても、彼女が手がけたメイクアップや化粧品ブランド〈JUNG SAEM MOOL〉のアイテムを目にしたことがあるという方は多いのではないかと思う。たとえば、大ヒット映画『猟奇的な彼女』でヒロインを演じたチョン・ジヒョンの透明感あふれるメイクや、フィギュアスケート韓国代表だったキム・ヨナ元選手の一重まぶたを活かしたスモーキーメイク。BoAをはじめ、KARAやmissAといったK－POPスターのメイクの多くも彼女の作品だ。また、元Wanna Oneのカン・ダニエルがオーディション番組『PRODUCE 101 season2』出演時に使っていたのは〈JUNG SAEM MOOL〉の商品。なかでもエッセンシャルティンテッド・リップグローは〝カン・

ダニエル・ティント〟と呼ばれ、売り切れが続出した。

本書には、Kビューティーの先駆者であり、現在も第一線で活躍するジョン・センムル氏が生きるうえで大切にしてきたことがつづられている。父親が多額の借金を負い、17歳からアルバイトをして家計を支えなければならなかった彼女が、決して人生をあきらめることなく夢をつかむまでのドラマティックな日々。そして、偶然ながら必然としか思えないような奇跡の連続。さらに二人の養子を迎えただけでなく、他の母親たちと手を取り合って、世界の子どもたちのためによりよい社会を目指して活動を続ける姿に心を揺さぶられる。

日本でも韓国でも〝自己肯定感〟という言葉がブームとなっている昨今。ジョン・センムル氏は「必ずしも大きな成功を成し遂げなくても自己肯定感は高められる」「ささいな善行が自分に自信を与えてくれる」と語る。この本を日本語に訳しながら、私も身近な人々を観察してみた。確かに「自分を信じている」と力強く語る友人は、おせっかいなほど周囲の人々を気にかけて面倒をみながらも見返りを求めない。それでも結果的には自然と多くの人に慕われて、いきいきと楽しそうに過ごしている。やはり、与えるものが多い人に幸せは返ってくるようだ。「もっと自分を愛するべき」と言われても何から始めていいのかわからず戸惑ってしまうことがあるが、ジョン・センムル氏は具体的な実践方法やヒントを教えてくれる。少しずつでも今より強くなりたい、〝いい人〟になりたいと思わせてくれる一冊だ。

藤田麗子

[著者]
ジョン・セン厶ル(Jung Saem Mool)
1970年生まれ。“透明メイクの巨匠”と呼ばれ、チョン・ジヒョン、ソン・ヘギョ、キム・テヒほか数多くのトップスターに愛される韓国トップのビューティ・クリエイター。
1991年よりメイクアップ・アーティストとして、ドラマ、映画、雑誌などで幅広く活躍。2005年よりメイク講座をスタートし、2014年には「ジョン・センムル・アート&アカデミー」を開講。毎年200～300名ものメイクアップ・アーティストを輩出している。
2006年には米サンフランシスコのAAU(Academy of Art University)に留学。帰国後はファインアートの理論と自身のノウハウを組み合わせたメイクの法則を構築し、自社ブランドを幅広く展開。
2017年には、第5回大韓民国ブランド大賞ブランド・リーダーシップ部門の最優秀賞を受賞した。
YouTubeチャンネル　https://www.youtube.com/user/jungsaemmool
Instagram　https://www.instagram.com/jsmbeauty_/

[訳者]
藤田麗子(ふじた・れいこ)
フリーライター&翻訳者。中央大学文学部社会学科卒業後、実用書、韓国エンターテインメント雑誌、医学書などの編集部を経て、2009年よりフリーライターになる。韓国文学翻訳院翻訳アカデミー特別課程第10期修了。訳書に『あたしだけ何も起こらない“その年”になったあなたに捧げる日常共感書』(キネマ旬報社)、『大丈夫じゃないのに大丈夫なふりをした』(ダイヤモンド社)、『簡単なことではないけれど大丈夫な人になりたい』(大和書房)、『宣陵散策』(クオン)、著書に『おいしいソウルをめぐる旅』(キネマ旬報社)などがある。

私《わたし》は今日《きょう》も私《わたし》を信《しん》じる
「自分《じぶん》だけの魅力《みりょく》」の磨《みが》き方《かた》

2021年7月1日　第1刷発行

著　者　ジョン・センムル
訳　者　藤田麗子
発行者　佐藤　靖
発行所　大和《だいわ》書房
東京都文京区関口1-33-4
電話　03-3203-4511

装幀　細山田光宣＋奥山志乃（細山田デザイン）
本文デザイン　荒井雅美（トモエキコウ）
本文印刷所　信毎書籍印刷
カバー印刷　歩プロセス
製本　ナショナル製本

ISBN978-4-479-78535-4
乱丁・落丁本はお取り替えいたします。
https://www.daiwashobo.co.jp